エーゲ海に浮かぶ車乗り入れ禁止のイドラ島

プラランー島の双子ヤシ
「ココ・デ・メール」

「国家」を自称するシーランド公国

本国イギリスから15,000キロも
離れたフォークランド諸島

オークニー諸島のメインランド島にある
「リング・オブ・ブロッガー」

海底炭鉱によって栄えた軍艦島（端島）

青春文庫

世界史からこぼれ落ちた離島伝説

おもしろ地理学会［編］

青春出版社

歴史の「伝説」をめぐる発見の旅！――はじめに

謎とロマンと神秘に満ち溢れた世界の離島の数々……。大陸とは切り離された孤高の地でいったい何があったのか、本書では、世界史からこぼれ落ちたその真相を徹底調査した。

カリブのセント・マーチン島がフランスとオランダに分断された経緯とは？　幻のアトランティスはアソーレス島に本当に実在したのか？　威容を誇る軍艦島の知られざるルーツとは？　ペリーも上陸した猿島に立入禁止の要塞がつくられた理由は？　など読みはじめたらとまらない驚きの話が満載である。

離島に刻まれた不可思議な痕跡をめぐる発見の旅に出発しよう。

２０１６年１月

おもしろ地理学会

Chapter 1 ヴェールに包まれた謎の「離島」 11

Chapter 2 人智を超えて存在する摩訶不思議な「離島」 45

目　次

Chapter 4

歴史のなかで育まれた伝説の「離島」 141

Chapter 5 世界に遺された誰も近づけない「離島」

口絵・本文写真◆アフロ/SIME、robertharding、月岡陽一、REX FEATURES、Loop Images、アールクリエイション、小早川渉、HEMIS、松尾純、後藤究、縄手英樹、石原正雄、KENJI GOSHIMA、山梨勝弘
カバー・口絵写真◆villorejo/shuterstock.com
制作◆新井イッセー事務所
DTP◆フジマックオフィス

A guide to world's
most mysterious isolated
islands

Chapter 1

ヴェールに包まれた
謎の「離島」

石川県

舳倉島

ミステリーストーンに刻まれた伝説とは？

■海女の島は渡り島のオアシス

輪島市から北へ50キロメートルの日本海の洋上に浮かぶ舳倉島《へぐらじま》は、1時間も歩けば1周できてしまう小さな島である。

この島は対馬海流の通り道にあり、古くから好漁場としても知られており、周辺はアワビやサザエなど海産物の宝庫だ。

かつてこの島の住人は、6～10月の漁の時期だけ島に住む季節定住者が中心だった。この島ではまた伝統的に海女漁が行われてきており、そのため「海女の島」の異名も持つ。

その後、そのまま島に定住する人も増えたが、それでも現在の人口は100人にも満たない。石川県は海女の人数が全国でもトップクラスで、なかでも舳倉島では60人ほどの海女が現在も活躍中だ。

ところで、日本海を北前船《きたまえぶね》が往来していた江戸時代、この島は「鳥籠の中にいるようだ」とウワサされていた。その理由はこの島に飛来する渡り鳥のためである。

ここは北アメリカ、オーストラリア、ユーラシア、アフリカなど、あらゆる国と地域から訪れる渡り鳥が羽を休める中継地なのである。

その種類は300にものぼり、国内では舳倉島でしか観測できないような珍しい鳥も多い。

多いときは何万羽という単位で訪れるというから、昔の人が「鳥籠の中」と形容したのもうなずける。今もバードウオッチャーたちにとってこの島は絶好の観測場所となっているのだ。

■積み上げられたケルンの謎

じつは、もうひとつ舳倉島で有名なものがある。それが謎の「石積み」だ。

大小さまざまなサイズの石が、がっちりと積み上げられ、まるで石塔のようにそびえている。高いものでは2メートルにもなり、土台には動かすのも難しいほど大きな石が使われていたりする。

島内には類似の石積みが70前後もあり、どんな台風がやってきても崩れることはめったにないという。

その姿は、よく登山者が道しるべに積み上げるケルン（山だめ）にも似ているが、いったいこれは何を意味するのだろうか。

石積みの言い伝えはいろいろあるが、一般的には「海女の目印である」といわれている。

というのも、舳倉島はもっとも高い場所で標高が12メートルしかなく、海が時化《しけ》ると陸が確認できなくなってしまう。そこで、石を高く積み上げて潜る場所の目印にしたというわけだ。

実際、舳倉島は海女によるケルンの島として２００９（平成21）年に国交省が定めた「島の宝１００景」に選定されている。

たしかに、潜水ポイントの目印であるなら70もの数のケルンがあっても不思議ではない。

しかし、島に住む高齢者たちはこんな話を聞かされて育ったという。

あるとき、島に住む大半の男たちが船で沖に出ると、大時化《おおしけ》に見舞われた。残った女たちは気が狂ったように石を積み上げ、目印をつくった。しかし、ふと背中を見るとおぶっていた子の首がなくなっていた……。

また、島の北の海岸近くには龍神池という池があるが、ケルンの存在は、それにまつわる龍神伝説が関係しているという説もある。

昔々のこと、ある僧侶が池の周囲で島民らを集めて説法をしていると、いつも同じ女の姿が見える。僧侶が身元を訊ねると女はこう言った。

「自分の正体は龍で、すでに死んでこの池に沈んでいるが、成仏できなくて苦しい。助けてほしい」。

そこで僧侶が池の底を調べてみると龍の骨が出てきた。以来、この池は信仰の対象となり、石積みはその死んだ龍の供養塔だというのだ。

ちなみに、龍神池の底は龍宮城につながっているとされ、どんな干ばつでも涸れることがないという。

もはや、おとぎ話のようではあるが、ケルンがそれほどミステリアスな雰囲気を醸し出しているのは確かである。

島へと渡る手段は1日1便の定期船があるが、日本版ミステリーストーンともいえるケルンを自分の目で確かめたい人は、旅行がてら訪れてみてはどうだろうか。

広島県

厳島 海に浮かぶ世界遺産の島の隠された真実

■日本三景の名にふさわしい島

１９９６（平成８）年に世界文化遺産に登録された広島県の厳島《いつくしま》神社は、海に浮かぶように見える社殿と朱塗りの大きな鳥居が印象的な景観をつくり出している。その美しさを一目見ようと今日も国内外から多くの人々が訪れ、その数は年間３００万人を超える。

この厳島神社があるのが宮島で、神社を目指すには約10分のフェリーによる船旅が欠かせない。

宮島は、２０１１（平成23）年３月の東日本大震災の被害から復興をめざす宮城県の「松島」、京都北部にある全長約３・６キロメートルの砂浜「天橋立《あまのはしだて》」とともに、日本三景のひとつとして人気の景勝地だ。

「宮島」とか「安芸の宮島」と呼ばれることが多いが、「厳島《いつくしま》」がこの島の正式な名称で、広島県廿日市《はつかいち》市宮島町に属している。

島には現在も1800人ほどの人が暮らしていて、ホテルや土産物店、キャンプ場といった観光客向けの施設だけではなく学校もある。

また島の大部分には森林が広がっており、島の中央、ちょうど神社の背後には標高535メートルの弥山《みせん》がそびえているが、この山も見渡す限りの森だ。弥山の山頂へはロープウェーで登ることができ、山頂からは瀬戸内海に散らばる島々の絶景を楽しむことができる。

ちなみに、厳島神社は神社の前面の海と、背後にあるこの弥山の森林とともに世界文化遺産に登録されている。島の総面積の約14パーセントが世界遺産なのだ。

また、この宮島は日本三景のほかにも「日本三大奇襲作戦」のひとつとして知られる「厳島合戦」が繰り広げられた場所としても知られている。

1555（天文《てんもん》24）年、謀反を起こして主君である大内義隆《おおうちよしたか》を討ち取った陶晴賢《すえはるかた》の2万の大軍を知将として知られた毛利元就《もうりもとなり》が巧みにこの厳島に誘い込んで、わずか3500の軍勢でみごとに負かしたという話が残されているのだ。

島には、毛利元就が築いた宮尾城の跡地を示す案内板が立っているが、当時の遺構らしきものはほとんど残っていない。

■平家の繁栄が可能にした大工事

そんな島の最大の見どころは、荘厳な厳島神社である。神社の社は島の北部に位置し、フェリー乗り場から土産物店が立ち並ぶ通りを歩いて10分ほどでたどり着く。

神社を訪れる観光客を待っているのは、潮が満ちるとまるで海に浮かんだような姿になる海上社殿の数々だ。厳島神社がこのような独特の形になったのは、今から800年以上前の平安時代のことで、平家の総大将として一時代を築いた平清盛《たいらのきよもり》が多額の資金援助をして現在の形にしたことでも有名だ。

古くからこの厳島は島全体が神の島として信仰の対象にあったといわれており、島に建物を置くことは敬遠された。そこで、島の周囲の海中に社が建てられたのである。波が打ち寄せるなか、海中に50を超える数の社殿を建て、しかもこれを長大な回廊で結んでいく工事にはいったいどれだけの人手と費用を擁したことだろうか。そんな大工事を可能にするほど当時の平家は栄華を極めていたのだ。

■海に浮かぶ世界遺産

また、神殿や神社のシンボルともいえる高さ約16メートルの巨大な鳥居（写真中央）

には、世界でも類を見ないある秘密が隠されている。じつは、これらの土台は海底に埋められているわけではなく、自分の重みだけで海中に建っているというのだ。

鳥居の上部、真横に渡された島木と呼ばれる部分は筒のようになっていて、その中には7トンもの石が〝重し〟として詰められている。さらに、鳥居の足もとをよく見ると合わせて6本もの足でしっかりと支えられているのがわかる。

こうした工夫により、どんな大波を受けても鳥居は倒れることなく海中に建っているのだ。潮が引いている間は歩いてこの鳥居をくぐることができるので、その重厚な造りを一度は間近で確かめてみたいものである。

ところで、この大鳥居の姿は観光用のパンフレットなどさまざまなところで目にすることができるが、数年前に1枚の珍しいポスターが作られたことがある。

大鳥居とフランスのモン・サン・ミッシェル修道院が並べられたそのポスターは、日本とフランスの観光局が共同で作ったものだ。

モン・サン・ミッシェルといえば、フランスの西海岸に浮かぶ小島に建てられた13世紀頃の修道院で、世界文化遺産にも登録されている。

海に浮かぶ2つの世界文化遺産――。そんな縁から、2009（平成21）年に廿日市市とモン・サン・ミッシェルは観光友好都市になっている。

大分県

姫島

七不思議に彩られた神秘の島の真相

■神話から生まれた島

姫島《ひめしま》は、瀬戸内海の西端に浮かぶ南北約4キロメートル、東西約7キロメートルの細長い小さな島だ。

国東《くにさき》半島の伊美《いみ》港からフェリーで20分ほどで行ける大分県唯一の島であり、瀬戸内海国立公園として県民に親しまれている場所である。

島内中央には矢筈山《やはずやま》（266・6メートル）があり、その西には達磨山《だるまやま》（105メートル）、北に城山（62メートル）があり、その中に村落が固まっている。そこに2000人ほどの島民が住んでいる。

夏になると、長さ500メートルに及ぶ美しい海岸線は海水浴客で賑わい、観音崎一帯は天然記念物である黒曜石《こくようせき》の断崖絶壁がそびえている。

その黒曜石が波に洗われる姿は他では見られない光景だ。漁場にも恵まれ、姫島カレイや姫島車海老などの海産物が獲れる観光地でもある。

しかし、それだけではない。ここは数百年の時を越えて伝えられる神秘的な七不思議がある伝説の島なのだ。

この島の誕生は、なんと『古事記』に記されている。それによれば、伊邪那岐命《いざなぎのみこと》と伊邪那美命《いざなみのみこと》の二柱の神が14の島を生んだ「国生み」の際、12番目に生んだのが女島＝姫島というのである。

また、『日本書紀』によれば、韓国南部のとある美女が日本に渡ってきて比売語曽《ヒメコソ》の神となったといわれ、その美女が姫島の名前の由来といわれている。

そんな島に存在するのが「阿弥陀牡蠣《あみだがき》」「逆柳《さかさやなぎ》」「かねつけ石」「拍子水《ひょうしみず》」「浮田《うきた》」「浮洲《うきす》」「千人堂《せんにんどう》」という七不思議だ。

姫島という名前がついているだけあって、お姫様に関する言い伝えが多いのが特徴で、この7つの不思議がある場所を訪ねることで島の魅力を存分に味わえるともいえる。

■2坪なのに1000人を匿ったお堂

七不思議のひとつは、島の北東に突き出た灯台の下の海蝕《かいしょく》洞窟内に群棲する「阿弥陀牡蠣」という牡蠣だ。形が阿弥陀三尊に似ていることからその名がついている。いかにも食べればご利益がありそうだが、じつは海面から2メートルほど上の岩にへばりついている。

海水に浸かることなく生きるこの牡蠣は、食べると必ず腹痛を起こすといわれており、その名前からは想像もできない危険な牡蠣なのだ。

その牡蠣のある場所の近くに、お姫様にまつわる3つの不思議なスポットがある。ひとつは「かねつけ石」だ。それは、お姫様がおはぐろをつけるときに猪口と筆を置いた跡が窪みとなって残っているといわれる石で、別名「おはぐろ石」とも呼ばれている。

そして、そのすぐそばにあるのが「拍子水」という湧水だ。ここは、姫様がおはぐろをつけた後に口をゆすごうとして訪れたものの水がなく、手拍子をして祈ると水が湧いたといわれている。

さらに、そこから少し南に下ると「逆柳」が見えてくる。これは、お姫さまが使った柳の楊枝を逆さまに土に挿したところ芽を出したといわれる柳だ。

柳といえば一般的に枝が下向きに垂れているものだが、不思議なことにこの逆柳は天に向かって伸びている。

まさに、その名にふさわしい姿をしているのである。

また、港の西に突き出た観音崎にも七不思議のひとつである「千人堂」がある。

前述したように、観音崎一帯には黒曜石の断崖絶壁がある。地表に露出し、容易に観察できる黒曜石は全国でも数少ない。そんな珍しい高さ約40メートルの黒曜石の断崖上に千人堂は建っているのだ。

もともとは島に住む貧しい漁師が幸せになりますようにとの願いを込めて、1寸2分の黄金の馬頭観世音《ばとうかんぜおん》を祀ったお堂である。

このお堂には、ある大晦日の夜に債鬼《さいき》（借金取り）に追われた島民1000人を匿《かくま》ったという伝説がある。

しかし、お堂の大きさはたった2坪ほどで、とても1000人が入れるようには思えない。

それでも、その伝説が転じて、大晦日の夜に馬頭観世音をお参りすると借金取りから逃れられるという言い伝えが残されているのだ。

鹿児島県

沖永良部島

史上最大級の台風が残した「爪あと」

■島に伝わる世之主の伝説

沖《おきの》永《え》良部《らぶ》島《じま》は、鹿児島市から南へ536キロメートルの場所にある。島全体が隆起したサンゴでできており、東側の和泊《わどまり》町と西側に位置する知名《ちな》町の2つの町を擁している。

島には東洋一の規模を誇る「昇竜洞《しょうりゅうどう》」のほか、大小の鍾乳洞が200〜300も存在することから〝鍾乳洞の島〟ともいわれている。

島の位置は奄美諸島と沖縄諸島のちょうど中間で、そのせいかこの島は複雑な歩みをとげてきた。まずは、その歴史を駆け足で振り返ってみよう。

14世紀の沖永良部島は琉球の北山《ほくざん》の支配下に入るが、江戸時代になると今度は薩摩藩の侵攻を受け薩摩領になった。名産のサトウキビ栽培が始まったのも薩摩藩の命によるものだ。

1862（文久2）年には藩の島津久光《しまづひさみつ》の怒りに触れた西郷隆盛《さいごうたかもり》が流され、2年もの間滞在した。

このとき西郷は34歳で、雨ざらしの牢獄の中で島民に勉学を教え、西郷の代名詞ともいえる「敬天愛人」の思想もこの地で確立したといわれている。

島は1871（明治4）年の廃藩置県では鹿児島県に属するも、第二次世界大戦後は奄美諸島とともにアメリカ軍の統治下に入った。そして1953（昭和28）年には、沖縄より一足先に日本に返還されて現在に至っている。

ちなみに、13世紀より以前の歴史に関してはほとんど資料が残っていないが、島には昔から「世之主《よのぬし》」の伝承がある。

世之主は琉球三山時代に島の女神ノロの娘と、琉球の北山王との間に生まれた真松《ままち》千代《ちよ》のことである。

成長してからは島の統治を任されつつがなく遂行していたが、しばらくして親善目的でやってきた中山《ちゅうざん》王の船を襲撃船だと間違って伝達されたことにより、妻と子を道連れに自害してしまったのだ。

島民は判断を過ったために悲劇の死を遂げた世之主を哀れみ、墓標を立て弔っており、この「世之主の墓」は今も島内に残されている。

そんな島の根底に息づく文化はやはり琉球の影響を受けているが、そこへ薩摩がもたらした日本本土の流れが加わり、さらには同じ鹿児島の離島である奄美の要素も取り入れられている。

このように沖永良部島には、食、芸能、民俗とあらゆる面で独自の島文化ができあがっていったのである。

■史上最大の「沖永良部台風」

このあたりはいわゆる台風の通り道で、沖永良部島もかつて超大型の台風に襲われたことがあった。

それは1977（昭和52）年9月の台風9号で、のちに「沖永良部台風」との別称もつけられている。

上陸する5日前に太平洋西部のカロリン諸島付近で発生した台風は、しだいに勢力を強めながら急に進路を変えて9日に沖永良部島を直撃した。

この台風は907・3ヘクトパスカルで、これは日本の観測史上最低の中心気圧である。

最大瞬間風速は公式記録に60・4メートルとあるが、実際のところは、その後風速計が壊れてしまい観測は不可能だった。

しかし、風速80メートルでも耐えられるはずだった鉄塔が壊れたというから、その数字を優に超える暴風雨だったことは間違いないだろう。

死者は奇跡的に1名にとどまったが、民家のおよそ75パーセントが全壊もしくは半壊してしまったのだ。

これほどの規模の台風は珍しかったが、しかし、島にこうした台風や干ばつの被害がもたらされるのは今に始まったことではない。

島にはユーモラスで豪快な振り付けが特徴的な「ヤッコ踊り」という伝統芸能がある。

これも、そうした災害に耐え抜いてきたことをきっかけに生み出されたものだと伝えられており、今は地元の保存会によって受け継がれている。

沖永良部島の島民はとりわけ郷土愛が強いといわれている。その背景には琉球、薩摩と南北の支配者に振り回され、厳しい自然災害にも悩まされながらも島を守り続けてきたという〝歴史〟があるからなのかもしれない。

イエメン

ソコトラ島

〝インド洋のガラパゴス〟といわれる理由

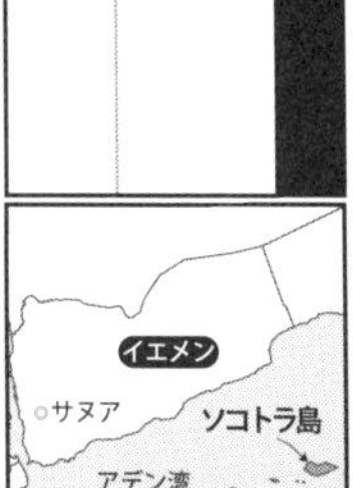

■文字のないソコトラ語

地球上にはさまざまな島が存在しているが、このソコトラ島ほど人類を驚かせる島はない。

なぜなら、そこにはまるで太古の地球を思わせるような特異な光景が広がっているからだ。

ソコトラ島はアラビア半島とアフリカ大陸の間にある、イエメン領有のインド洋に浮かぶ孤島である。

東西100キロメートルと横長の形をした島で、約3700平方キロメートルの広さを持っているが、町と呼べるのは北側にあるハディブのみだといっても過言ではない。

その立地から古代より海上貿易の中継点として利用されてきたが、いつの頃からかそのルートからは外れ、原始的な風景を今に残すに至っている。

ところで現在、島には4万4000人ほどが住み、文字を持たない独自の言語を有している。

この島が観光客に開放されたのはごく最近のことで、島には800種類以上の植物が自生し、その中にはほかではお目にかかれない珍しいものも多い。

そんなことから、この島は〝インド洋のガラパゴス〟の異名をとる。2008年にはユネスコの世界自然遺産に登録され、その驚くべき自然の不思議が明らかにされているのだ。

■ドラゴンの血を流す木

島の象徴的な存在といえるのが、竜血樹（ドラゴンブラッドツリー）である。マダガスカル島のバオバブのように木を天地逆さまにしたような形をしており、高さは10メートル以上ある（写真）。

幹を開くと赤い樹液がしたたるのが特徴で、古代のソコトラ人はこれをドラゴンの血と信じていたため、このような名がつけられたのだ。

樹液は化粧品、あるいは止血剤などにもなるため乱獲も懸念されており、島では保

護区を設けてこの稀有な植物を守っている。

また、ボトルツリーと呼ばれる木も奇妙な形をしている。やはりバオバブのように細かく枝が分かれているが、不自然なほどに根元が太く、見ようによっては人間にも見えてしまう。

ほかにも鳥類は192種、周辺の海域では珊瑚が253種、魚類・甲殻類にいたってはもはや1000種を超える。

島でもっとも美しい景観を持つのはデトワラグーンという海岸で、砂丘のように盛り上がったホワイトサンドにリゾートムードなどはなく、圧倒的な存在感でもって訪れる人を威圧してくる。

石灰岩の台地、深い峡谷、やしの木の平原、そして摩訶不思議な植物……。ソコトラ島には人類がもはや知ることができない、ありのままの地球の姿が残されているのかもしれない。

オーストラリア

カンガルー島

オーストラリア屈指の秘境で起きたある出来事

■オーストラリアの秘境

オーストラリア第３の島で野生動物の宝庫――。

カンガルー島のプロフィールをひと言で紹介すればこのようなフレーズになるが、その素顔はなかなか奥深い。

この島には、アデレードから南西に１１２キロメートル、ケープジャービスの港からはわずか45分の船旅で到着する。

面積は東京都の約2倍と広く、その大部分に手つかずの自然が残る。およそ1万年前に大陸から切り離され、原住民であるアボリジニが住んでいたが、２０００年前に島を捨ててしまった。

その後、１８０２年にイギリス人に発見されるまでは無人島で、人類による自然破壊や凶暴な肉食獣などの被害がなかったため、学術的にもきわめて貴重な生態系が構築された。

島には23種の保護区が設けられており、いたるところで動物たちに出会うことができる。また蜂蜜やワインの産地でもあり、とくにワインはその質の高さで世界的にも有名だ。

また、迫力満点の奇岩群をはじめ、透明度の高いビーチなど見どころも多い。地元っ子にも人気の離島はオーストラリア屈指の秘境でもあるのだ。

■18頭から3万頭に増えたコアラ

ワラビー、ハリモグラ、アシカ、オットセイ、ペンギンなど、カンガルー島で見られる動物は数多い。

そんななか、この島でもっとも幅をきかせているのがコアラだ。しかも、このコアラが深刻な問題をもたらしており、現地でも話題になっている。

じつは、コアラはこの島にはもともと存在しない動物だった。

だが20世紀前半、オーストラリアではコアラの毛皮が高値で取引されることから、南オーストラリアの何百万頭というコアラが殺されて個体数が激減してしまったのである。

そこで絶滅を避けるため、天敵のいないカンガルー島に18頭のコアラを移住させたのだ。この島にはコアラの好物であるユーカリの木もあり、その数はどんどん増えていった。

だが、増えすぎたのである。18頭しかいなかったコアラは2000年には3万頭にまで繁殖したのだ。

ここまで爆発的に増えた理由は、コアラ自体の特徴にある。というのも、オーストラリア本土にいるほとんどのコアラはクラミジアという菌を持っており、これが生息環境に反応して個体数を調節する役割を果たしている。

平たくいえば、強い遺伝子を持ったコアラのみが生き残るようになっているのである。

ところが、カンガルー島に連れてこられたコアラはクラミジアを持っていなかった。しかも天敵もおらず食べ物にも困らない楽園だったため、コアラたちは恐るべきスピードで繁殖していったのである。

■生態系を脅かすその問題点とは

コアラが増えたことで何が困るかといえば、餌であるユーカリがどんどん食べ尽くされてしまったことだ。

コアラは1日におよそ1000枚のユーカリの葉を食べるが、カンガルー島の場合は1本のユーカリに平均3匹程度のコアラが見られるという。

こうなると、ユーカリの木をすみかにしていた鳥やポッサムたちが行き場を失ってしまう。さらには、木々が枯れることによる砂漠化の危険もあるのだ。

正常な生態系に戻すには2万頭の駆除が必要だとの意見があり、政府が対策に乗り出したがこれには反対の声も多い。

捕獲して本土に帰す、不妊手術を施す、ユーカリを植林するといった案も浮上したが、いずれも費用や人的な問題で現実的ではないとされている。

もとはといえば人間が生態系を崩してしまったのが原因だ。毛皮目的の乱獲といい、安易な保護政策といい、人間の都合で害獣にされてしまったのではコアラもたまったものではない。

とはいえ、このままではカンガルー島全体の生態系が崩壊することは確実だ。

この問題は長い間くすぶり続け、今も根本的な解決には至っていないのが現状なのである。

アメリカ合衆国

マンハッタン島

波瀾の歴史を秘めた世界経済の中心地

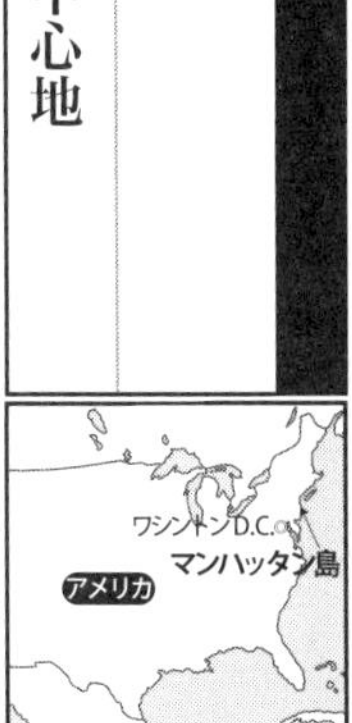

■世界経済の中心的存在

ニューヨークはマンハッタン、クイーンズ、ブルックリン、ブロンクス、スタテンの5つの地域で構成されている。

この中で中心となっているのがマンハッタン島だ。ニューヨークの中心というよりは、むしろ世界経済の中心といったほうが的確かもしれない。

周囲とは道路や鉄道で結ばれているものの、ここはハドソン川の河口に浮かぶれっきとした島である。総面積は58平方キロメートルで、南北に細長い形をしている。

島はいくつかのエリアに分けられており、59丁目より北をアップタウン、34丁目から59丁目までをミッドタウン、34丁目から南をダウンタウンと呼ぶ。そして中央にあるセントラルパークを挟んで、東がイーストサイド、西がウエストサイドとなっている。

もっとも、マンハッタン島には行政が定めた区分というのは存在しない。これは人々が便宜的に区分けをした通称とでもいうべきものである。

金融の拠点であるウォール街、ミュージカルの聖地として名高いブロードウェイなど、マンハッタン島は経済・文化の両面で人々を集めている。

エンパイア・ステート・ビルディングやラジオ・シティ・ミュージック・ホールといった建物は、今も現役で使われているアール・デコ建築として有名である。

多くの見どころを持ち、さまざまな人や情報が集まるニューヨークは、夜も眠らない近代都市のイメージがある。

しかし、発見された当初のマンハッタン島は、現在とはまったく印象が異なる緑に覆われてひっそりと静まり返った未開の土地だった。

■先住民からオランダ人の手へ

マンハッタン島を最初に発見したのはイタリア人の探検家だった。16世紀初頭のことである。

それ以降、85年もの間ヨーロッパ人がここを訪れることはなかったが、大航海時代の1609年、オランダの支援を受けたヘンリー・ハドソンが再び探検を試みる。その彼の名にちなんで命名された川がハドソン川である。

このハドソンの探検によって、マンハッタン島とその周囲の情報がヨーロッパにもたらされた。そして、１６２４年に初めてオランダ人が入植を開始するのだ。世界へと勢力を広げていたヨーロッパ人にとって、未開の北アメリカは格好の植民地だったわけである。

マンハッタン島がオランダ人の所有になったのは１６２６年のことだ。初代植民地総督になったピーター・ミニットが、先住民から買い取ったのである。ところでその値段だが、びっくりするほど安かった。わずか60ギルダー、だいたい25ドル前後といったところだ。

当時と現代では物価が大きく違っているとはいえ、島をひとつ手に入れるにしてはあまりにも破格の値段だといえるだろう。

しかも支払いは現金ではなく、布やビーズ、短剣といった物品だった。こんな不平等な物々交換によく先住民たちが応じたものだと不思議に思うかもしれないが、彼らにとってはこれらの品々が非常に珍しかったのだ。

そのうえ、それまで自由に暮らしてきた先住民たちは、土地を所有するという意識が薄かった。

そこにつけこんだオランダ人が、正当な価格交渉もせずに買い叩いてしまったわけだ。

この売買交渉が行われた場所は、マンハッタン島最南端のバッテリー・パークだったと伝えられている。

こうしてこの地にはニューアムステルダムという名がつけられ、活気あふれる商業の街として発展していった。

ちなみに、ここがニューヨークに改名されるのはそれから数十年後、イギリス領となってからのことである。

ところで、現在のマンハッタンは碁盤《ごばん》の目のように道が走り、整然とした街並みになっている。

しかし、このような都市計画が実行されたのは、入植が開始されてからおよそ200年後の19世紀初頭である。

今我々が目にしているマンハッタンからは想像もできないような歴史が、ここには秘められているのである。

フランス領／オランダ領

セント・マーチン島

カリブの島がフランスとオランダに分断された経緯

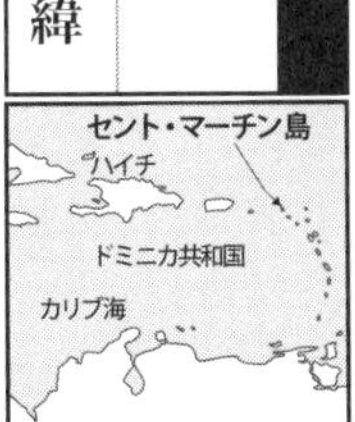

■小さな島の2つの国

カリブ海の東部、小アンティル諸島には多くの島があるが、北部のリーワード諸島と南部のウィンドワード諸島という2つのグループに分かれている。

乾燥しているウィンドワード諸島に比べると、リーワード諸島のほうが肥沃《ひよく》な土地で豊かな自然に恵まれている。

このリーワード諸島の北端に位置しているのがセント・マーチン島だ。マイアミから飛行機で約3時間の距離で、周辺の島々からもフライトがある。

ゆったりとくつろぐことも、アクティブに活動することもできるセント・マーチン島は、近年ではリゾート地として注目を集めている。

だが、セント・マーチン島の最大の特徴は、ここに2つの国が存在していることだろう。

島のほぼ中央に境界線があり、北部はフランス領、南部はオランダ領なのだ。それぞれフレンチ・サイド、ダッチ・サイドと呼ばれている。

といっても、同じカリブ海にあるハイチとドミニカ共和国もひとつの島を2つの国で分け合っている。

それを考えればなんら不思議はないのだが、問題は島の規模だ。

ハイチとドミニカ共和国は両国の面積を合わせると、7万5000平方キロメートルを超える。

それに対して、セント・マーチン島は東西も南北もおよそ17キロで、面積はわずか88平方キロメートルしかないのである。

数字を見ただけでは実際の大きさがつかめないかもしれないが、これは小豆島の半分程度の広さだ。

それにしてもなぜ、こんな小さな島が2つの国に分かれているのだろうか。それはこの島がたどってきた歴史と深い関わりがある。

■360年以上前に設定された境界線

カリブ族とアラワク族が暮らしていたセント・マーチン島をヨーロッパ人が発見し

たのは1493年だ。発見したのはスペインから派遣されたコロンブスである。

ただ、すぐさまヨーロッパ人が入植してきたわけではなく、150年近くもそのまま放置されていた。

その後、スペインがこの島に進出し、フランス、オランダ、イギリスが領有権を争った。

その結果、1648年にフランスとオランダが分割して領有することが決定する。

そして、およそ360年前に決められた境界線が今もなお生きているというわけである。

境界線は島のほぼ中央にあるとはいえ、フレンチ・サイドのほうが少しだけ広い。

これにはおもしろいエピソードが語り継がれている。

フランス人とオランダ人が島の両端から同時に歩きはじめ、出会ったところを境界線にすることになった。

ところが、オランダ人はフランス人が愛飲するワインよりも強いジンを飲んでいたため、フランス人よりも歩みが遅くなってしまったというのである。

また、2つの地域はいろいろと異なる面を持っている。

島の通称はセント・マーチン島だが、フランス側はサンマルタン、オランダ側はシントマールテンというのが正式な呼び名だ。公用語もそれぞれフランス語とオランダ語となっている。

また、街の雰囲気もフレンチ・サイドは南仏のリゾートといった趣を持つ。おしゃれなレストランやブティックが並ぶ首都のマリゴは、カリブ海のシャンゼリゼと呼ばれているそうだ。

一方、ダッチ・サイドは国際空港や客船が寄港する港があり、活気に満ちている。高級品からカジュアル品まで何でもそろう地域だ。

ところで、2つの国の境界線を越えるといっても何のチェックもいらない。通貨も以前はフランとギルダーが使われていたが、ユーロが導入されてからはどちらのサイドもユーロでOKだ。

セント・マーチン島は、この2つの国をいっぺんに体験できるユニークな島なのである。

A guide to world's
most mysterious isolated
islands

Chapter 2

人智を超えて存在する摩訶不思議な「離島」

鹿児島県

硫黄島

流刑の地「鬼界ケ島」と硫黄島を結ぶ接点

■想像以上に遠い島

硫黄島と聞けば、多くの人が映画『硫黄島からの手紙』を思い浮かべるかもしれないが、あちらは東京都小笠原諸島にある硫黄島で太平洋戦争末期の激戦地になった場所である。

ここで取り上げるのは、鹿児島県の南西諸島にある戦争の舞台にはなっていない、いたって平和な島である。

この硫黄島は、近くに浮かぶ竹島、黒島と3島まとめて住民４００人弱の鹿児島県鹿児島郡三島村という村の一部だ。周囲14・5キロメートルの島内には１２０人ほどが生活している。

かつて日本がリゾートブームに沸いた１９７０年代には、この小さな島も活気にあふれていた。海洋リゾート開発が進み、６００メートルの滑走路を持つ飛行場とホテルが造られたのである。

しかし、間もなく経営不振でどちらも閉鎖になってしまった。

その名残として島のあちこちで見かけるのが孔雀だ。島へ連れてこられた孔雀たちは、そのまま野生化し、天敵がいないため〝順調〟に繁殖しているのである。

ただ、飛行場は1994（平成6）年に村が取得し、日本初の村営飛行場としてオープンした。現在は、鹿児島空港から週2便が運航されている。

このほかに島に行く手段は村営の定期船「フェリーみしま」がある。ところが、定期船とはいえ、鹿児島本港から通常でも2～3日に1便しか出ない。しかも天候によっては欠航になることもある。

ところで、硫黄島の名前は島の東側にある硫黄岳に由来する。これが活火山で年中噴煙を上げており、岩肌を硫黄が流れている。当然温泉が湧き、島は温泉マニアも一目置く秘湯スポットとなっている。

その温泉と硫黄が海に流れ出ることで、島周辺の海域が黄緑色や赤色に染まることから「黄海ケ島《きかいがしま》」と呼ばれていたことがあるほどだ。これが、平家物語では「鬼界ケ島《きかいがしま》」に書き換えられたとの説がある。

硫黄島は果たして鬼界ケ島なのだろうか。

■「俊寛伝説の島」として

鬼界ケ島は、平家物語のなかで俊寛《しゅんかん》という僧侶が、平家打倒を謀ったとして平清盛の逆鱗に触れ島流しになった場所である。

このとき、ほかに2人の武士も一緒に流刑されたが、しばらくして清盛の娘が懐妊し、気をよくした清盛が恩赦を出した。しかし、なぜか俊寛だけ帰ることが許されず、泣きながら船を見送ったという。

やがて助けがくるのだが、すでに妻も子も死んでしまったと聞き、俊寛はこの島で37年という短い一生を終えたのだ。

硫黄島では、この俊寛伝説をもとに島おこしとして俊寛の銅像や俊寛を祀った神社である「俊寛堂」を建てている。しかし、奄美大島のそばには喜界島《きかいじま》、長崎には伊王《いおう》島《じま》という2つの島があり、いずれの島にも俊寛伝説がある。どこが本当の鬼界ケ島なのかはいまだわかっていない。

沖縄県

南大東島

なぜ絶海の孤島でSLは走り続けたのか

■クレーンで宙を移動する乗船客

読んで字のごとく、大きい東の島と呼ばれていた大東諸島。南大東島《みなみだいとうじま》はその一角をなす島である。

沖縄本島からは３８０キロメートルも東に位置しており、航路なら13時間、空路でもしっかり1時間かかる。北にある有人島である北《きた》大東島と合わせ、まさに絶海の孤島といえるだろう。

だからというわけではないだろうが、この島は沖縄県にある他の離島とはいくつかの相違点がある。

まず、南国リゾートの代名詞ともいうべきビーチが存在しない。

南大東島は珊瑚礁が数度の隆起を繰り返してできた島である。したがって、島の周囲はゴツゴツとした岩場に囲まれているため、水着で砂浜にゴロンというおなじみの光景は皆無である。

あるのは岩場をくり貫き、そこに注ぎこむ海水で泳ぐ「海軍棒《かいぐんぼう》」と呼ばれる人工のプールのみで、当然、波が高い日は利用できない。

また、この周辺は台風の通り道にもなっており、高波を防止するために港も高い位置に築かれている。

このため船が着いても接岸できず、荷物はもちろん、フェリーの乗船客もクレーンで空中を移動するのだ。

また、大東諸島はかつて一度も大陸と陸続きになったことがない珍しい島でもある。

したがって南大東島は地質学的にも沖縄とは異なり、マリアナ諸島など南方の影響が色濃く見られる島だ。

とくに、植生に関しては世界的な注目を集めていることでも知られている。

さらに、沖縄といえば郷土名物の酒である泡盛が有名だが、ここには泡盛工場はなく、その代わりに日本で唯一というラム酒工場がある。

島でとれる良質のサトウキビを原料にしている希少酒のため、酒好きには垂涎《すいぜん》の的だ。

きわめつけは、この島にはその昔、なんとSLが走行していたという事実があることだ。

鉄道のレールがないことで知られる沖縄で、しかも周囲わずか21キロメートルしかない小さな島で、なぜSLが走っていたのだろうか。

■南の島のシュガートレイン

SLの話に入る前に、ここで島の歴史を少し振り返っておこう。

南大東島は1820（文政3）年、ロシア海軍によって発見された。そのときサウスボロジノ島と名づけられたが、琉球人の間ではウフアガリ島の名で親しまれていたらしい。

しかし、その厳しい立地から島に定住する者はおらず、明治時代の後半になってようやく玉置半右衛門《たまおきはんえもん》をリーダーとして島の開拓が始まったのだ。

玉置半右衛門は八丈島生まれの事業家で、羽毛の採取で財を成した人物である。1898（明治31）年に自らが所有する船で琉球を視察した際に、新たな開拓地として大東諸島に目をつけたのだ。

この開拓で主軸となったのがサトウキビ栽培で、1902（明治35）年には島の人々は黒糖製造で生計を立てるようになる。そして、この黒糖の運搬用に整備されたのが件のSLなのである。

運行が始まったのは1917（大正6）年のことだ。

SLはドイツ製とイギリス製の3台で、黒煙を上げてサトウキビ畑を走っていた。レールは次々と島内に延びてゆき、最終的には9路線にもなり総延長は31・1キロメートルにも及んだのである。

しかし、景気が悪くなり維持管理が困難になったため1982（昭和57）年に運行が廃止され、運搬はすべてトラックに切り替えられてしまったという。

現在、島の郷土施設にはSL1台とディーゼル車1台が展示されている。さらに、島内には廃線跡がいくつか見られ、部分的ではあるものの錆びたレール（写真）を確認することもできる。

けっして多くはない観光客だが、島を訪れる人はこのありし日のシュガートレインを偲ぶのが最大の目的だといっても過言ではない。

今も島にはサトウキビ畑が広がっているが、SLの黒煙の代わりに製糖工場の煙突から煙が立ち上っているのが印象的だ。

沖縄県

西表島

「イリオモテヤマネコ」が生息する密林の島の記憶

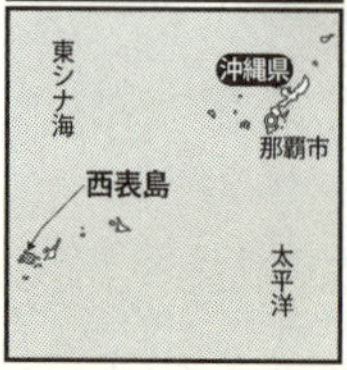

■独自に進化したヤマネコ

ジャングルのように深く生い茂った森に、ごうごうと音を立てて滑り落ちる滝、そして視界をさえぎる豊かな山々……。西表島《いりおもてじま》の風景は、沖縄の他の離島とはまったく異なる雰囲気を持っている。

沖縄県で2番目の大きさを誇る西表島は、いわば水と緑の島である。高くはないが島の大部分は山岳地帯で、県下最大の浦内《うらうち》川が流れる。

手つかずの自然のなかで動物たちが活き活きと暮らし、島民たちは古くから継承されてきた伝統を守りながら暮らしている。

その様子からしばしば「日本のアマゾン」などと形容されるが、くねくねと蛇行する川や、マングローブの密林の間をカヌーが行く風景を見れば、あながちオーバーだとも言い切れない。

それに西表島といえば、ここにしかいない固有の動植物が多くみられることでも有名だ。その代表格はなんといっても「イリオモテヤマネコ」だろう。

イリオモテヤマネコは発見からまだ半世紀も経っていない国の特別天然記念物で、体長約50センチメートルとふつうのネコよりも少し大きいのが特徴だ。一般的なネコは水を嫌うが、このネコは水に入って川を渡ったりすることもある。現在、その数は100匹前後といわれている。

これは今後、イリオモテヤマネコが生き残るためには最低の数だとされており、保護活動が続けられている。

世界中にいる40種の野生ネコの中ではもっとも分布域が狭いといわれているが、イリオモテヤマネコがこの島にしかいないのには理由がある。

じつは、西表島は数百年前には大陸と陸続きだった。

しかし、その後の地殻変動で島として切り離され、残されたヤマネコは環境に順応すべく独自の進化を遂げたのだ。

そう考えると、イリオモテヤマネコは大陸に多数生息しているベンガルネコがルーツかというと、そうとも言い切れない。

目下、イリオモテヤマネコの学術的な分類には複数の説があり、詳しい生態や出生は解明されていないのが現状なのだ。

ほかにもカンムリワシやリュウキュウキンバト、セマルハコガメなど稀少動物は少なくない。

アウトドア派にとっての絶好のリゾートアイランドは、こうした動物たちにとって最後のすみかでもあるのだ。

■炭坑夫を襲ったマラリア

しかし、そんな西表島にも悲惨な過去がある。その昔、西表島に沖縄県唯一の炭坑があったことをご存じだろうか。

さかのぼること1853（嘉永5）年、西表島で石炭の存在を発見したのはペリー艦隊である。そして19世紀末には、この地に興味を抱いた明治政府によって炭坑が開かれた。

1500人にものぼった坑夫は沖縄県内の囚人や一攫千金を夢見る県外の労働者、さらには大陸から強制的に連れてこられた外国人などで形成されていた。

彼らは低賃金で長時間勤務を強いられるなど劣悪な環境で働かされており、しかも当時島に流行していたマラリアにかかって亡くなる者も後を絶たなかった。

というのもその昔、八重山諸島一帯はマラリアの発生地だったのである。とくに西表島はその発生源で、しばしば集団感染に悩まされていた。

太平洋戦争下では「戦争マラリア」と呼ばれた大規模集団感染もあり、八重山地域全体で３０００人以上もの死者を出しているのだ。

西表炭坑は、栄養失調、落盤事故、逃亡を失敗したり、さらにこのマラリアによって毎日のように死人を出していた。

やがて、戦争が拡大して坑夫が徴兵されると炭坑は急激に衰退し、１９５８（昭和33）年にその幕は閉じられたのである。

最盛期には炭坑村に学校や公民館、さらには３００人も収容できる劇場まで建てられるほど栄えたという。

現在は、ジャングルに石柱や住居跡がわずかに残るのみで、旅行者の中には西表島に炭坑があったことすら知らない人も多い。

観光化が進む島のなかで、ここだけが悲惨な記憶を隠すようにマングローブに覆われているのである。

中国

南丫島

旧日本軍がこの地に洞窟を掘った本当の目的

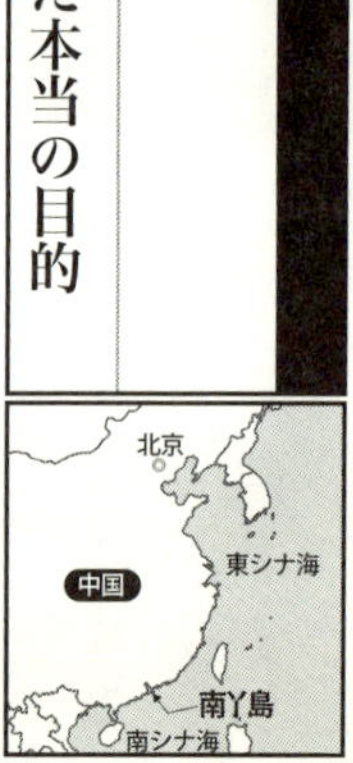

■香港の電力を生み出している島

日本人の海外旅行先としてもおなじみの香港は、九龍半島および香港島、そして230を超える島々で形成されている。

そのひとつである南丫《ラマ》島は、船に乗って20～30分ほどで行けるお手軽なリゾートアイランドだ。

高層ビルが林立する香港にあってダイレクトに自然と触れ合える場所ということもあり、中国人だけでなく外国人旅行者にも人気の島である。

島の面積は13・5平方キロメートルほどで、香港の離島群の中では2番目に大きい。島内は基本的に車両の通行が禁止されており、人々は徒歩か自転車で移動しなくてはならない。

船を下りてすぐに目に入るのは島の名物料理を出すレストランの数々だ。美食の香港にあって、ラマ島は海鮮料理の美味しい島として知られており、これが目当ての観光客も少なくない。

島内にはまた透明度の高いビーチがあるが、すぐ近くには発電所があり、ビーチで寝そべっていても煙をもうもうと上げる煙突が目に入ってしまう。

これには地元でも「興ざめだ」との意見が少なくない。ここは香港大手の「香港電燈」の発電所で、火力、風力、太陽光によって、ラマ島および香港島に住む約57万世帯の電力をまかなっている。

リゾートアイランドにはおよそ不釣合いな光景ではあるが、逆にこの発電所こそがラマ島の象徴だともいえるのだ。

■旧日本軍が魚雷を隠した洞窟

さて、この島には日本とは浅からぬ関係を持つスポットがある。それが「神風洞」と呼ばれる洞窟だ。

内部への立ち入りは禁止だが、ハイキングコースのはずれにぽっかりと口を空けているそこは、奥行きが10メートルほどある。

なぜここは「神風」などという名前がついているのかというと、じつは太平洋戦争下の日本軍が小型の攻撃艇を隠していた場所だからである。

日本軍は当時、イギリスの植民地だった香港を占領し、この島を軍事基地とした。そして、この洞窟に攻撃艇を配備し、洋上の敵に向けて攻撃する作戦を立てたのである。

攻撃艇はベニヤ板に250キログラムの魚雷を装着したもので、体当たりで敵を沈める特攻艇でもあった。

しかし、作戦は決行されぬままに終戦を迎え、今では洞窟だけが残っているというわけだ。

現在のこの島は、かつてここが戦争の舞台だったとは思えぬほどの穏やかさに包まれているが、この洞窟はアジアで繰り広げられた戦乱の記憶を静かにとどめているのである。

香川県

豊島

かつて産廃問題で揺れた島は、その後どうなったか

■食とアートの島として話題に

瀬戸内海国立公園に浮かぶ豊島《てしま》は、地図を見ると岡山県と香川県のちょうど中間に位置している。

香川県小豆郡土庄町にあるこの島は、周囲を瀬戸内海とそこに点在する小さな島々に囲まれて、島のどこからでもその美しい風景を楽しめる。

島では日本一の栽培面積を誇るオリーブをはじめ、温暖な気候を活かしたみかんやイチゴの栽培、そして起伏が多い島の斜面を利用した棚田では稲作が盛んに行われている。

瀬戸内の海の幸はもちろん、豊かな山の幸を楽しみに島を訪れる人は後を絶たない。

現在1000人ほどの人が暮らすこの島へは、岡山県の宇野港、香川県の高松港からいずれもフェリーに乗って40分ほどで到着する。

近年この島は、隣の直島《なおしま》、犬島《いぬしま》とともに「アートの島」として世界的にも知られるようになった。島のあちこちには国内外のアーティストの作品が展示されていて、シャトルバスやレンタルサイクルを使ってこれらの作品をのんびりと鑑賞することができる。歩いても1時間半ほどでひと回りできるので、まるで島全体が巨大な美術館のようだ。

また、瀬戸内の島々を舞台に2010（平成22）年からトリエンナーレ形式で開催されている「瀬戸内国際芸術祭」では、豊島にも10万人以上の人が訪れている。フェリー乗り場には長蛇の列ができたというから、のどかな島に暮らしてきた人々はさぞ驚いたことだろう。

現在では「現代アートの島」として人気の豊島だが、ひと昔前に、この島の名前はある事件によって全国から注目されたことがあった。

その事件とは、産業廃棄物の不法投棄と、それによって引き起こされた環境破壊、さらに放置された廃棄物をめぐる地元住民と県との争いである。

■島民たちの長い闘い

かつて、土地を所有する業者によってダイオキシンなどを含んだ60万トンもの有害物質が10年以上も不法に棄て続けられた。

その産業廃棄物処理業者がこの島にゴミの投棄を始めたのは1970年代後半のことだ。

すぐさま島民は署名を集めて県に陳情を行い、反対デモを繰り返したが、どういうわけか状況はいっこうに改善されなかった。

産業廃棄物が環境に与える影響は家庭から出るゴミの比ではない。シュレッダーダストと呼ばれるゴムやプラスチック樹脂の破片は地中深く埋められたばかりでなく、地表20メートル近くまで積み上げられ、野焼きにされたのだ。

その後も十分な処理施設が設置されないままゴミは豊島に運ばれ続ける。島には野焼きによるドス黒い煙が立ち上り、それは海の向こうの高松からも見ることができたという。

そんなわけだから、喘息を訴える島民が出てくるのは時間の問題だった。それでも何かと理由をつけてこの状況を黙認し続けた県に対して、島民たちはさぞやりきれない思いを抱えていたことだろう。

90年代にはいって不法投棄を続けた業者は摘発されたが、棄てられたゴミはそのまま島に放置されてしまう。

そこから本当の闘いが始まったといっていい。

ゴミのないかつての島を取り戻そうと島民らは県を相手に根気強くかけ合い、２０００（平成12）年、じつに37回目の調停で両者はようやく合意に至ったのだ。

知事はこれまでの経緯を謝罪すると、島に棄てられたゴミをすべて処理すると約束したのである。現在は隣の直島に１日３００トンのゴミを運び、無害化する処理が続けられている。

２０１５（平成27）年３月現在、処理の対象量は約91万９０００トンで、２０１７（平成29）年３月に廃棄物等の処理が完了する見込みだという。

かつて産業廃棄物が捨てられた場所は、予約制で見学できるようになっている。悪臭が漂うその場所で今も掘り続けられる多くのゴミがあるという現実も、島を訪れた際にはぜひ心に刻みつけておきたいものである。

福岡県

志賀島

「漢委奴国王」の金印の出土が与えた衝撃とは？

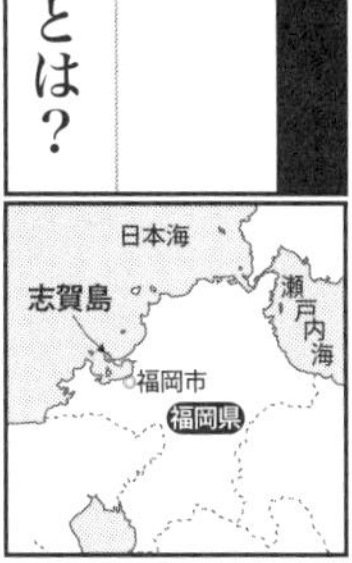

■中学の教科書にも登場するお宝

「志賀島《しかのしま》」という名前を聞いてもピンとこない人がいるかもしれないが、ここは誰もが一度は聞いたことのあるあの歴史的お宝の里だ。

「漢委奴国王《かんのわのなのこくおう》」といえば、歴史の授業を思い出す人は多いかもしれない。その昔、後漢《ごかん》（中国）の皇帝から授かったといわれる、金印《きんいん》が出土した島である。

島の面積は５・78平方キロメートル、周囲は約12キロで、約１６００人が住んでいる。今では釣りや海水浴などでにぎわう福岡屈指のレジャーランドだ。

この島には、千数百年前から島と海を守る志賀海《しかうみ》神社をはじめ、万葉集に詠まれた場所が点在しており、「元寇《げんこう》の役」（１２８１年）で命を落とした蒙古《もうこ》軍を弔う蒙古塚があるなど歴史的価値は多岐にわたる。

また、島の東海岸には「二見岩《ふたみいわ》」と呼ばれる2つの岩があり、ここには志賀島独自の浦島太郎伝説があり、不思議な魅力もいっぱいだ。

そんななかでも、やはり金印は島一番の自慢である。

金印そのものは福岡市博物館に展示されて島内にはないものの、金印発見の地として石碑が建つ「金印公園」や「金印ドッグ」というホットドッグが名物になっていたりする。

ところが、この金印に偽物説が浮上しては消えているのだ。

志賀島は、博多湾の入口にあって地理学ではトンボロと呼ばれる陸繋島《りくけいとう》で、本土とは砂洲《さす》によって陸続きになっている。

本土との距離は目と鼻の先で、今は橋もかかっているため地元では島という認識がほとんどなかったが、かつては満潮時になると道が海に沈んでしまう完全な島だった。

そんな辺鄙《へんぴ》な島から、どうしてこれほど貴重なお宝が出てきたのか。それは出土当時から疑問視されていた問題であり、そもそもの金印偽物説はそんなところから持ち上がってきたようだ。

さらに研究が進むにつれて、金印についての疑惑はあちこちで浮上し、出土から200年以上経った今も金印にまつわる多くの疑問は解明されていない。

■消えない偽物説

金印は、一辺が23ミリあり、印台の高さ9ミリ、総高22ミリ、重さ109グラムのごく小さなものだ。そこに「漢委奴国王」の五文字が彫られている。

中国の史書「後漢書東夷伝《ごかんじょとういでん》」の中にはこんな記述が残っている。

紀元57年に奴の国の使者が貢物をもって訪れたときに、時の皇帝・光武帝《こうぶてい》が印綬(身分を証明する印と、それを身に付けるための組紐)を与えたことや、一辺の長さ23ミリが漢の時代の一寸に合致すること、そして同時代のものと思われる似たような字体の印が中国で出土しているというのだ。

これは弥生時代の福岡平野付近にあったといわれる「奴国」の王が、後漢の皇帝から授かったものと信じられている。

しかし、金印が発見されたのは、それから1700年以上も経った1784(天明3)年のことである。

江戸時代の農民が水はけの悪い田んぼを修繕していたときに、大きな四角い石の塊が出てきて、その石の間で何か光っていたので周りの石を取ったら、中から金印が出てきたというのである。

その後、筑前藩主である黒田家に代々伝わり、1978(昭和53)年に福岡市に寄贈されている。

ところが、じつのところ出土した場所もあやふやなのだ。現在出土の地とされている場所に確たる証拠はなく、発見者といわれている農民の身元もはっきりしていないのである。

さらに「委奴」（ワのナ）とされている読み方も、福岡平野付近にあった奴国ではなく、福岡県糸島《いとしま》半島の前原市付近にあった伊都国《いとこく》の「イト」とも読めることから定説は揺らぎ続けているのだ。

なにぶん古い話であり、すべてをクリアにすることは難しい。疑わしい点はいくつもあるが、偽物であるという証拠もないのである。

おそらく謎は謎のままで、いつまでも語り継がれる歴史ロマンなのだろう。

東京都

新島

白い楽園に伝わる不可思議な風習が意味するもの

■サイコロの形をした墓石は誰の墓？

どこまでも続く白い砂浜の美しさから「白い楽園」と呼ばれているのが、伊豆七島の新島《にいじま》だ。

地図を広げて相模湾沖から点在する伊豆七島を順にたどってみると、伊豆大島、利島に次いで、細長い形をした島にたどり着く。それが現在２８００人ほどが暮らしている新島である。

東京都の千代田区と文京区を合わせたほどの広さがあり、サーフィンの世界選手権も開催されるようにマリンスポーツが盛んだ。

都心からも高速船を利用すれば2時間半、空路なら1時間足らずで行けるとあって、シーズンともなれば多くのサーファーがやってくる。

火山島でもある新島は、島のほとんどが火山岩の一種である流紋岩《りゅうもんがん》でできていることから海岸の砂や地表は白っぽく、真夏の太陽の下ではまぶしいほどだ。

航空写真で島の全景を見ても、砂浜やあちこちから顔をのぞかせる岩に囲まれた島の周囲はまるで白い筆で縁どられたようで、名実ともに白い楽園である。

そんな美しい白砂は、亡くなった島民が眠る島の共同墓地にも敷き詰められている。その共同墓地のはずれにあるのが、サイコロや酒樽など奇妙な形をした墓石が並ぶ一角である。

「流人墓地」——。これらの墓に眠っているのは、かつてこの島に流されてきた罪人たちなのだ。

■罪人の墓に今日も手向けられる線香

伊豆諸島の島々がそうであったように、この新島にも江戸時代から明治の初めにかけて多くの罪人たちが送られてきた。200年あまりの間に流されてきた罪人の数は1000人を超えたという。

当時、島流しは死刑に次ぐ重刑で、その多くが二度と島から出ることはなかった。そうして多くの罪人たちがこの島で生涯を終えていったのだが、そんな彼らが葬られているのがこの流人墓地なのである。

ところが、罪を犯した者が眠るはずのこれらの墓には、今でも供養の線香と花が途絶えることはない。昔から島民たちは毎日のように流人墓地に花を手向けているのである。

なぜ、新島にはこうした珍しい風習が今に伝わっているのだろうか。

江戸時代といえば庶民の文化が花開いた時期として知られている。島にやってきた罪人は上流階級から農民や町人、神官から僧侶までじつにさまざまだったが、そのなかには専門的な知識や技能を身につけた人も少なくなかった。

そんな罪人たちが、外界との接触が少ないこの島に医療や芸能、教育といった当時のさまざまな文化を伝えたのである。こうして、離島ならではの奇妙な文化交流が行われていたのだ。

流人たちとの交流を通じて、島の人々は大いに刺激を受けたことだろう。忌み嫌われるはずの罪人の存在が、思わぬところで島の発展にひと役買っていたといってもいい。

また、島にはこんな話も残っている。

離島での暮らしは想像以上に過酷で、島民たちは食べ物に苦労することも少なくなかった。

ところが、そんなときでも彼らは自分たちの食料を少しずつ出し合って、罪人に分け与えたこともあったというのだ。

罪人とはいえ、限られた資源しかない島の暮らしのなかではお互いに協力し合う存在だったのである。

島には罪人たちが収容されていた「流人牢屋跡」もあるが、現在その場所には住宅が立ち並んでいて、当時の様子をうかがい知ることはできない。

ちなみに、島に流されてきた罪人の中には島で再び罪を犯してついに死刑になったり、自殺を遂げたりした者もいたが、その多くは病死だったという。

こうして亡くなった罪人は、彼らが生前好きだった博打のサイコロや酒樽を模した墓に葬られたが、島民は感謝の意を込めて、そんな墓にそっと花を手向けて手を合わせたのである。

この墓参りがいつしかひとり、またひとりと島民の間で広がっていき、ついには現在にまで続く風習となったというのだ。

島には今日も線香の香りが漂う。

三重県

答志島

九鬼嘉隆の「首塚」に刻まれた悲劇の真相

■青年たちが行う共同生活「寝屋子制度」

三重県鳥羽《とば》市の答志島《とうしじま》は伊勢湾の入り口に浮かぶわずか7平方キロメートルの島だが、ここでは古くから続いてきたある風習がある。市の無形民俗文化財にも指定されている「寝屋子《ねやこ》制度」だ。

この制度は、今でいうところの長期間のホームステイといったところだろうか。対象になるのは島に住む15歳を過ぎた青年で、彼らは同い年の仲間たちとともに、「寝屋」と呼ばれる他人の家の一室を借りて共同生活をするのである。

島ではこうして寝屋で暮らす青年たちを「寝屋子」、また彼らに寝屋を提供する人を「寝屋親《ねやおや》」と呼ぶ。

人と人のつながりが希薄になったといわれる今の時代にあって、この寝屋子制度は島に暮らす人々の絆を深めながら代々受け継がれてきた貴重なものだ。

かつては西日本の漁村を中心にあちこちで行われていたが、今では伊勢湾に浮かぶこの小さな島でしか見ることができない風習になっている。

ところが、共同生活とはいえ朝から晩まで一緒になって暮らすわけではない。寝屋子たちは食事のときには自宅へ帰り、食べ終わるとまた寝屋に戻ってくるのだ。

こうして5～6人の寝屋子の仲間たちとの共同生活が彼らが結婚して独立するまで続くのである。

10代後半の多感な時期を同じ寝屋で過ごした青年たちの間に、実の家族以上の絆が生まれてくるのはいうまでもない。そのため、寝屋子同士の交流は一生続いていくという。

答志島は古くから島民の多くが漁業で生計を立てている。危険が多い海の仕事に携わるため子どもたちが暮らしの中で団結力を学び、その絆を深めていくために共同生活を行うシステムがつくられたのだ。

そもそも、この寝屋子制度が始まったのは戦国時代の頃だったといわれている。

今もこの島に首塚が残る戦国時代の武将、九鬼嘉隆《くきよしたか》は屈強な水軍を率いていた。

ところが、どれだけ勇猛果敢な水軍とはいえ、戦国の世では大海原で暴れ回るためには数十人もの船の漕ぎ手が欠かせなかった。

敵はいつ襲いかかってくるかわからないから、急な出撃の度にいちいち船を漕ぐ男手を集めているのでは間に合わない。

そこで、ふだんから若い男たちをひとつ屋根の下に集めていたのが、いつからか寝屋子という制度になったというのだ。

日頃から同じ場所で暮らしていた男たちの櫂《かい》さばきは、荒れ狂う海の上でも乱れることはなかっただろう。

悲劇の武将が眠る島

ところで、この九鬼嘉隆という人物は悲劇の武将としても知られている。鳥羽城を築き、九鬼水軍を率いて「海賊大将」と恐れられた彼は、織田信長や豊臣秀吉に仕えていくつもの武功を立ててきた。

「小田原攻め」や「朝鮮出兵」のときにも大船団を率いて参陣した嘉隆は、秀吉が天下をとるために欠かせなかった名将のひとりだったのである。

時は流れ、1600（慶長5）年の「関ヶ原の戦い」に臨んだ嘉隆は豊臣家に忠義を尽くして西軍についたが、彼の息子の九鬼守隆《もりたか》は袂を分かち、東軍に身を置いていた。

戦いは終わり、敗れた西軍の武将の多くは自害して果てたが、嘉隆は我が子の必死の命乞いによって命を救われることになった。

ところが、その吉報が届く直前に、答志島に逃げ落ちていた嘉隆は自ら命を断ってしまったのである。

この話には恐ろしい後日談がある。

じつは、答志島に潜んでいた嘉隆は、ある家臣が強く勧めたことで腹を切ったといわれているのだ。

どうにかして父を救おうと奔走した守隆は、この話を聞いて怒りを抑えきれなくなったのだろう。その家臣を捕えると、首を鋸《のこぎり》で切り落とすという残忍な方法で処刑を命じたのだ。

島の高台に残る嘉隆の首塚は、伊勢湾の彼方、鳥羽の方角を向いている。悲劇の武将は今日も、かつて自らの城があった場所を見つめたままこの答志島に眠っているのだ。

インドネシア

スラウェシ島

断崖の上で死者を葬るトラジャ族の島

■トラジャ・コーヒーの産地

世界一の島嶼国《とうしょこく》インドネシアには１万８０００以上の島々がある。そのほぼ中央に位置するのがスラウェシ島だが、この名前を聞いてもピンとこない人は、旧名のセレベス島のほうがしっくりくるだろうか。

面積はおよそ19万平方キロメートルで、これはインドネシアで4番目に大きく、日本の国土のおよそ半分に当たる。

１９４９年にインドネシアが独立を果たした後に改称され、今では南スラウェシ州の州都マカッサルを中心に約１７４０万人もの人々が暮らしている。

この島でもっとも注目すべきは、内陸高地にある「タナ・トラジャ」という地域である。

名前からもわかるように、ここはトラジャ・コーヒーの産地である。18世紀、インドネシアがオランダの植民地だった時代に、オランダ人によって栽培されたのがはじまりで、戦前はヨーロッパの王室などでも珍重された。

第二次世界大戦後、オランダの支配が終わると衰退したが、近年では〝幻のコーヒー豆〟として再評価されている。

しかし、タナ・トラジャが注目される理由はコーヒー豆だけではない。

もともと「トラジャ（山の人）の国」という意味を持つこの地には、インドネシアの少数民族であるトラジャ族が住んでいる。

彼らは先祖が乗っていた船の船首に似せた「トンコナン」と呼ばれる高床式の住居（写真）に暮らしている。屋根の両端が反り返った姿はまるで箱舟のようで、それらはすべて先祖がやってきたという北の方角に向けて建てられているのだ。

このことからもわかるようにトラジャ族は先祖崇拝が強い民族だが、世界的に有名なのはランブ・ソロといわれる葬式だ。その墓地は、なんと切り立った断崖の上にあるが、なぜ、彼らはそのような場所に死者を葬るのだろうか。

■祭りのように盛大な葬儀

トラジャ族は基本的に他民族との交流を断って暮らしてきた民族である。

彼らは「死」を日常の中に置いており、葬儀は死者の来世を祝福する旅立ちのセレモニーで、「生まれ変わり」の儀式と一体化している。

したがって、とにかく盛大に、華やかに行うことが遺された者の務めと考えられているのだ。

まず、死者が出ると遺族は故人とともに一定期間同じ場所で寝起きする。古代の日本で行われていた「もがり」と同じで、この間は死者の復活を願う。

長ければこのもがりが半年から1年間続くこともあり、その間に葬儀の準備をする。資金集めや出稼ぎに行っている家族の都合などで、準備に3年かかることも珍しくない。

その間、遺体は薬品処理を施して保存するというのだ。

そしていよいよ葬儀となれば、まずは遺体を御輿に乗せ、掛け声をかけながら村人たちの手によって広場へと運ばれる。

大勢の出席者が歌い踊り、闘牛、闘鶏といったにぎやかなイベントが何日も続くが、知らない人が見ればきっと何かの祭りのように映るかもしれない。

そして、最終日には生贄として水牛が捧げられるが、この数こそ、その家の裕福さを表している。多ければ多いほど贅沢な葬式ということになるのだ。

遺体は布にくるまれて高い岩壁に掘られた横穴の中で風葬されるが、なぜこんな場所に葬るのかというと、神になった死者に天に近い場所から村を見守ってもらうためだ。

そして、墓の前には故人と等身大の木彫りの人形「タウタウ」が置かれ、トラジャ族の長く壮大な葬儀がやっと終わるのだ。

ちなみに、トラジャ族は意外にもキリスト教徒である。

ただ、こうした独特の死生観にもとづく葬儀は土着のものであって、宗教はもはやあまり関係ないかもしれない。

もちろんそう頻繁に行われるものではないが、この奇習がスラウェシ観光の一端を担っているような側面もある。

遺族にとっても葬儀はにぎやかであればあるほどいいので、観光客を歓迎するのだそうだ。

一般的な祭りとは異なるため気軽に訪れてみたいと言うには気が引けるが、強く興味を引かれるのは間違いない。

東ティモール

ティモール島

島を横切る国境線と不思議な「飛び地」の謎

■アジアとオセアニアの狭間で

インドネシアはスマトラ、ジャワ、スラウェシ、ボルネオといった島々で構成されているが、そんななかでティモール島にはほぼ真ん中に国境線がある。西側はインドネシア、そして東側が東ティモールだ。

ティモール島では2000メートル級の山々がそびえ、綿花、タバコ、コーヒーなどを主産物としている。

南にはティモール海を隔ててオーストラリア大陸が近く、ちょうどアジアとオセアニアの狭間に位置しているような島である。

東側の東ティモールが独立したのは2002年のことで、それまでこの島は激動の渦に巻き込まれてきた。

もともと「リウライ」と呼ばれる首長たちが統治していたティモール島は、大航海時代にその運命が一変した。16世紀にポルトガルが島を征服して植民地としたのである。

その後、オランダが進出し、両国が島の支配権をめぐって衝突。１８５９年に島は分割され、西の半分をオランダが、東の半分をポルトガルが統治することになった。そして第二次世界大戦中の１９４２年には全島を日本軍が占領し、約３万人が駐屯していたのである。

戦後は西側がインドネシアの一部として独立したが、東側は再びポルトガルの支配に戻ってしまったのだ。

■独立へのきっかけになった虐殺事件

もともと東側の住民の生活は困窮しており、経済、教育、福祉などあらゆる面で低水準だった。そこへきて住民の不満が募ると同時に、１９７４年にはポルトガルでクーデターがあったため、１９７５年には革命戦線が独立を宣言し東ティモールが誕生する。

ところが、その直後に全島支配を目論んだインドネシアのスハルト政権が東側に侵攻し、東ティモールをインドネシアの27番目の州として武力併合してしまったのだ。

これによりインフラや教育面などが改善されたものの、住民の間には独立を望む声は消えなかった。

1991年になると、首都のディリでインドネシア軍が住民に発砲して虐殺するサンタクルス事件が勃発する。

この一件は「許されざる人権侵害」として国際世論の注目を浴びた。さらに1998年にスハルト政権が崩壊したことで、国連の仲介のもとで独立への動きが一気に加速したのである。

しかし、ここから独立を果たすまでは反対派勢力による破壊や暴力事件が相次ぎ、治安は悪化の一途をたどったのである。

このあたりの情勢は日本でも報道されたので記憶している人も多いだろう。最終的には多くの死者も出て、国連が多国籍軍を派遣するまでの事態になった。

そして、ようやく独立にこぎつけたのが2002年。東ティモール民主共和国は、21世紀最初の独立国として新たな歴史の一歩を踏み出したというわけである。

■不自然な飛び地「オエクシ」

ところでティモール島の地図を見ると、西のインドネシア側に東ティモールの不自然な飛び地があることがわかる。それはオエクシという町だ。

人口は約６万５０００人とそれなりに大きな町である。それにしてもなぜ、ここだけが取り残されてしまったのだろうか。

それは大航海時代、ポルトガル人が入植したときにオエクシの地でキリスト教を布教したことに関係がある。

それまで島には土着の宗教のほかイスラム教や仏教があったが、これ以降はカトリックが主な宗教となったのである。

やがて、オランダと領土の取り合いになるわけだが、ポルトガルは布教の本拠地ということもありオエクシにこだわった。結局、そのことがあとあとまで尾を引き、オエクシは島の西側にありながらも、ポルトガル領＝のちの東ティモールの領土になったというわけである。

首都ディリからオエクシまでは車で6時間、その間にインドネシアの国境を二度越える。両者の生活格差はその距離以上ともいわれ、本国から切り離された飛び地の苦労を感じざるを得ない。

フランス領

イル・デ・パン

「南太平洋の宝石箱」とキャプテン・クックの関係

■本島より美しい〝松の島〟

〝天国に一番近い島〟といわれるニューカレドニアは、オーストラリアの東に位置するフランスの海外領土である。

イル・デ・パンは本島のグランドテール島のすぐ南東にある島で、現地の人々が古くからクニエ（海の宝石箱）と呼ぶように、ターコイズブルーに染められた海の美しさはメインランドをしのいでいる。

今ではその存在も広く知られるようになり、ニューカレドニア観光の目玉的存在になっている。

先住民はメラネシア系の民族で、のちにポリネシア人が移り住み、現在はフランス系を中心とするヨーロッパ人も増えている。

氷河期以前には大陸と陸続きで、海水面の上昇とともに島になった。グランドテール島では紀元前５０００年以上前のものとみられるペトログリフ（岩石彫刻の文字）も発見されている。

この一帯を発見したのはキャプテン・クックで、ニューカレドニアという名前も彼によってつけられている。

グランドテール島の山並みが故国スコットランド（旧名カレドニア）に似ていたことに由来するという。

そして、このイル・デ・パンを命名したのもキャプテン・クックだった。

イル・デ・パンは直訳すると「松の島」という意味になる。しかし、この名前にはちょっといわくつきのエピソードが秘められているのだ。

■キャプテン・クックの勘違い

イル・デ・パンは海も美しいが緑の多い島である。

だが、ここに松の木はない。群生しているのは松によく似たナンヨウスギという杉の木である。

キャプテン・クックはこれを松と見間違えてしまったのだ。だから、この島を松の島を意味するイル・デ・パンと名づけてしまったのである。

もしも、彼が松ではなく杉だと気づいていたら、今頃この島は違う名前で呼ばれていたに違いない。

ちなみに、このナンヨウスギは高さ50メートル、幹の太さが5メートルというかなりの巨木である。

島でもっとも美しいといわれるクトビーチや、その反対側のカヌメラビーチはこの杉林に取り囲まれ、木々の緑と海の青が美しいコントラストを描いている。

こぼれ話として、のちの植物学者たちがこの杉に「クックの杉」という愛称をつけたということもつけ加えておこう。

この島の美しさは上空から見ればよくわかる。どこまでも続く海の上で真っ白に光る砂浜、青々としたナンヨウスギの群生……。その姿はまぎれもなく南太平洋に浮かぶ宝石のようである。

イギリス領

バミューダ諸島

「魔の三角海域」といわれる本当の理由

■小さくても豊かな観光地

アメリカの南東部に位置するノース・カロライナ州沿岸から１０００キロほどの大西洋上に、１５０もの群島が浮かんでいる。バミューダ諸島だ。

これだけの数があるにもかかわらず、島々の総面積はわずか53平方キロメートルと、だいたい三宅島と同じくらいの大きさしかない。バミューダ島やセント・ジョージ島など主要な島は７つで、それぞれが橋で結ばれている。

バミューダ諸島を発見したのはスペイン人探検家のバミューデスだが、入植を行ったのはイギリスだ。以来、現在までイギリス領となっている。

ちなみに、イギリス植民地時代の17世紀の街並みが残るセント・ジョージは世界遺産にも登録された。

イギリス領とはいえ、バミューダ諸島の自治権は強い。独自の憲法や議会も持っているほどである。

また面積こそ小さいが、バミューダ諸島は経済的には豊かだ。この島はタックスヘイブン（租税回避地）として世界に知られているのである。

タックスヘイブンとは外国企業に対して非課税か、もしくはかなり低率の課税にしている地域を指す。そのため、各国のペーパーカンパニーが集まっているのだ。

そのほか、歴史的な街並みやショッピングを楽しむ観光客も訪れる。ニューヨークからは2時間ほどのフライトで着けるため、手頃な観光地としてとくにアメリカ人の人気が高いという。

しかし、この島は観光地としてよりも、ミステリアスな場所というイメージのほうが強いかもしれない。

有名なバミューダ・トライアングルが存在する場所だからだが、いくつもの船や飛行機がこのバミューダ諸島の近海で姿を消しているのである。

■船や飛行機を飲み込む謎の海域

「バミューダ・トライアングル」、あるいは「魔の三角海域」などと呼ばれているのは、バミューダ諸島・マイアミ・プエルトリコを結ぶ三角形の海域だ。

ここが船や飛行機が奇妙な消失をとげる場所だとクローズアップされたのは、１964年のことだ。ヴィンセント・ガディスというジャーナリストが雑誌に発表した記事がきっかけだった。

それ以来、現在に至るまでバミューダ・トライアングルの謎は人々の注目を集め続けている。

消失の原因もさまざまに推測されてきた。地震や嵐など自然災害によるという説から、アメリカ軍の秘密実験説まで多種多様だ。

なかには宇宙人が消している、四次元空間に落ち込んだといったオカルティックなものまである。

実際、バミューダ・トライアングルで起きた事故は枚挙にいとまがない。

たとえば、１９４５年に起きたアメリカ空軍の第19飛行編隊が消息を絶った事件も有名なエピソードのひとつだ。

５機の爆撃機がパトロール飛行に出たものの、途中でコースを見失ったという緊急連絡が入る。基地から現在位置を問われても、彼らにはまったく方角がわからなくなっていた。

しだいに通信状態も悪くなる。燃料は4時間分しか搭載していないため、それを過ぎれば海に墜落してしまう。基地からは救援機が飛び立った。

だが、爆撃機も救援機も再び戻ってくることはなかった。6機の空軍機は隊員もろとも、忽然《こつぜん》と姿を消してしまったのである。

バミューダ・トライアングルの不思議さは消失だけではない。空に閃光が走った、無線機や羅針盤が機能を失った、球状の霧に包まれたなど、奇妙な現象が多数報告されているのだ。

では、バミューダ・トライアングルは本当に魔の海域なのだろうか。

この海域は磁気の異常が見られるという研究者もいる。しかし、海流が速く、大きな嵐も頻繁に起こることから、自然現象によって事故が引き起こされているとする見方が多い。

遺体や残骸がほとんど発見されないこともミステリアスさに拍車をかけているのだろう。

とはいえ、何もかもを科学で証明できるわけではない。バミューダ・トライアングルは今もなお謎を秘めている。

カナダ

セーブル島

なぜこの島の周りには、沈没船が眠ったままなのか

■船の墓場と呼ばれる理由

カナダ東部にあるプリンス・エドワード・アイランド州、ニューファンドランド&ラブラドル州、ニュー・ブランズウィック州、ノヴァ・スコシア州の4つの州を合わせてアトランティック・カナダと呼ぶ。これらは文字通り大西洋に面している。

このうち、日本人にもっともなじみ深いのはプリンス・エドワード島だろう。世界中で愛読されている『赤毛のアン』の舞台になった場所だからだ。

プリンス・エドワード島のすぐ南、アメリカの国境にほど近いところには大西洋に張り出した半島がある。

ここがノヴァ・スコシア州だ。首都のハリファックスはイギリス人がカナダで初めて建設した街である。

さて、ノヴァ・スコシア州の東方沖に長さ30キロ、幅1キロという細長い島が存在

する。セーブル島だ。大陸からはちょっと離れているが、ここもノヴァ・スコシア州の一部である。

ところで、海には難所といわれる海域がいくつも存在する。一度入り込んだらなかなか抜け出せないといわれるサルガッソー海や、次々と船が消えてしまうバミューダ・トライアングルなどである。

このセーブル島も昔から船乗りが恐れる場所のひとつだ。島の近辺で座礁《ざしょう》する船が後を絶たず、セーブル島は「船の墓場」とまで呼ばれてきたのである。

■船が島に引き寄せられる！

セーブル島の周囲は豊かな漁場があり、貿易船の航路にもなっていたため行き交う船は多かった。

とはいえ、座礁した船の数が尋常ではない。なんと３００隻もの船が海の底に沈んでいるとみられているのだ。

このあたりは鋭い岩礁地帯になっている。しかも潮の流れが速く、波も荒いので、たしかに船を操るのは難しい。それでも熟練した船乗りなら乗り切れない海ではないはずだ。

しかし、なぜか船は岩礁へと向かって突き進んでしまうのである。船乗りたちはセーブル島に近づきたがらず、まるで船を引き寄せるかのようなこの島を「魔の島」と恐れた。あまりに多発する事故を見かねたカナダ政府も調査に乗り出したものの、なかなか原因がつかめなかった。

そんな折、鉱物学を研究している教授からひとつのアドバイスが届く。教授は、島が強い磁力を持つ磁鉄鉱《じてっこう》でできており、それが羅針盤を狂わせるために船が進路を見失ってしまうのではないかと推測したのだ。

政府はアドバイスに従って鉱物の調査を開始したとはいえ、教授の突飛な発想に内心は半信半疑だった。

ところが結果は教授の読みどおりだったのだ。セーブル島は磁鉄鉱でできていて、その磁力が座礁の原因と判明したのである。

ただ、原因がわかったところで危険が減ったわけではない。今でも島を迂回《うかい》する船は多く、船乗りにとって恐ろしい場所という認識は変わらないようだ。

■もうひとつのセーブル島

ちなみに、ノヴァ・スコシア州にはもうひとつセーブル島がある。こちらは半島の南部に位置しているケープ・セーブル島で、通称はセーブル島だ。じつは、ここでも19世紀に悲惨な座礁事故が起きている。

ケープ・セーブル島の南岸はごつごつした岩が連なる岩礁地帯で、地元の漁師でさえ近づかない危険な海域だった。

そして雪混じりの強風が吹き荒れたある日、1隻のイギリス客船が岩礁に激突するのである。

自力で脱出できない船は激しい波風を受けて傾き始める。甲板に出てきた人々は次々と波に飲み込まれていった。

島の住民はこの遭難に早くから気づいていた。だが、荒れ狂う海に救助の船を出すことができず、見守り続けるしかなかったのである。

ようやく船を出せたのは翌日になってからのことである。あたりには無数の残骸や積み荷、おびただしい数の遺体が浮かんでいるだけで、助かった者はひとりもいなかった。

2つの島は遠く離れた場所にあり、まったく関係はない。ただ、カナダに存在するセーブル島の周辺は、どちらも船乗りが敬遠する海域なのである。

A guide to world's most mysterious isolated islands

Chapter 3

神秘に彩られた奇跡の「離島」

北海道

礼文島

「花の浮島」が密貿易の拠点となった理由

■発掘された3500年前の遺跡

アイヌ語で「沖の島」を意味する礼文島《れぶんとう》は、北方領土を除けば日本最北端の島である。稚内《わっかない》から西へおよそ60キロメートル、かつては空路でアクセスする方法もあったが、現在は利用客の減少により空港は休止状態となっている。

上陸するには稚内港からおよそ2時間の船旅が必要で、もしくは利尻島《りしりとう》まで空路で行き、そこから船で40分ほどかかる。

夏でも平均気温は20度に届かず、最北端のスコトン岬ではゴマフアザラシに出会うこともある。すぐ近くの利尻島とはわずか8キロメートルの距離で兄弟の島のような間柄だが、島の誕生は礼文島のほうがはるかに古いといわれている。

この島が現代までどのような道のりを歩んできたのかについては、じつのところ詳しくはわかっていない。人間が住み着いたのはかなり昔のことのようで、島内では約

３５００年前のものとみられる縄文遺跡が発掘されている。当時は、トド漁や貝の装飾工芸品などで北海道内の地域と交易していたらしいのだ。

江戸後期になると、〝海の豪商〟の異名をとった銭屋五兵衛《ぜにやごへえ》（銭五）が行っていたロシアとの密貿易の拠点にもなっている。

銭五は北前船に加賀の米を積み、ロシアやサハリンで毛皮や海産物と交換していた。礼文島は晴れた日には島からサハリンを見渡すことができるほどの距離とあって、貿易の中継地点にするには最適な島だったということだろう。

ところで、礼文島は別名「花の浮島」と呼ばれている。

温暖な南の島ならともかく、日本最北端という厳しい気象条件の下にある島でなぜかと不思議に思うかもしれないが、じつは礼文島は高山植物のメッカなのだ。

その種類はおよそ３００種にものぼり、固有種も数多く生息している。島民たちははるか古代から花とともに生活してきたのである。

平家の武将を名に持つ絶滅危機のラン

しかし、ここでひとつ疑問が湧く。ふつう高山植物といえば、２０００メートル級の山などでよく見られるものだが、最高峰の礼文岳でも標高は４９０メートルしかない。いったいなぜ、高山植物の宝庫なのだろうか。

高山植物は森林限界より高い場所で生育する植物のことである。礼文島では、本州なら2500メートル級、北海道でも1600メートル級の高山でしか見られない植物が、わずか200メートルぐらいの場所で生育しているのである。

礼文島を含む北海道は2万年前は大陸と陸続きだった。しかし、氷河期の終わりに海面が上昇したことで礼文島だけがいち早く切り離されて現在のような島になったのである。したがって、島には氷河期のツンドラ植物をルーツに持つ花が生息し、隔離された離島であったがゆえに独自の進化を遂げ、多数の固有種が誕生したわけだ。

なかでも、平清盛《たいらのきよもり》の甥である敦盛《あつもり》の着ていた母衣《ほろ》に似ていたことからその名がつけられた「レブンアツモリソウ」という野生のランは、希少価値が高く盗掘が相次いだため絶滅の危機に瀕している。

そのため「種の保存法」による特定国内希少野生動植物種、また環境省レッドデータブックの絶滅危惧種に指定され、礼文島内でも生育している場所は限られている。群生地では監視小屋が設置され、監視カメラが24時間見張っている状態だ。

花の見頃は5〜6月。大輪の白い花が草原を彩るが、花を守る島民たちは増える観光客を歓迎する一方で、1年でもっとも緊張を強いられる季節なのかもしれない。

北海道

天売島

北の大地で育まれた「鳥の楽園」の謎

■幻の鳥「オロロン鳥」

日本のなかでもダイナミックな自然を残す場所といえば、やはり北海道だ。独特の生態系を形成する北の大地には、本州では見られない生き物がじつに数多く生息している。

そんな北海道の天売島《てうりとう》で、絶滅の危機に瀕している鳥がいる。それが「ウミガラス」だ。

見た目はペンギンによく似ており、鳴き声が「オロロン」と聞こえることから、別名オロロン鳥とも呼ばれている。

１９３８（昭和13）年には4万羽いたが、２０１０（平成22）年に確認されたのはわずか20羽前後で、環境省により絶滅危惧種に指定されている。

そんな天売島は、すぐ近くの焼尻島《やぎしりとう》と並んで羽幌《はぼろ》町に属する日本海に浮かぶ島だ。

周囲約12キロメートルのやや細長い形をしており、西側は切り立った断崖が続いている。強い季節風の影響で、高木はほとんど見られない。

ウミガラスが天然記念物に指定されたのは1938（昭和13）年で、以降、島のシンボルとして多くの観光客を集めてきた。

だが、それが結果として仇《あだ》となってしまったのか、年々数が減少して今では絶滅の危機に瀕しているのだ。

現在は繁殖数を増やすべく保護団体によって地道な活動が続けられている。

■幻の〝帰巣シーン〟

それでも天売島は「野鳥と人間が共存する島」として今も広く知られている。ここはオロロン鳥だけでなく、多くの野鳥が住み着いている海鳥たちのサンクチュアリなのだ。

この島には8種類100万羽もの海鳥が生息するといわれており、その中でももっとも多く見られるのは「ウトウ」という海鳥で、夏の繁殖期にはその数は60万羽にも膨れ上がる。

ウトウは海岸沿いの地面につがいでひとつずつ、深さ1メートル以上の巣穴をつくり、その中でヒナを育てている。

親鳥は昼間、海に潜ってエサをとり、それを口にくわえたまま戻ってくるのだが、この〝帰巣シーン〟は野鳥ファンならば垂涎の的だ。

というのも、これほど大群のウトウの帰巣が見られるのは、世界でもここだけだからである。

ほかには、黒い羽に赤い足が特徴のケイマフリ、そしてウミネコ（写真）、ウミウ、ヒメウなどが少しずつ時期をずらしながら、かわるがわる繁殖活動を行っている。

その期間はおもに4～8月の5ヶ月間で、この時期、島はまさに鳥の楽園になるのである。

■海鳥と人間が共生できる理由

しかし、オロロン鳥こそ絶滅の危機に瀕しているとはいえ、なぜわずか5・50平方キロメートルの天売島は、これほどの数の野鳥と共存できているのだろうか。これにはいくつかの理由が考えられる。

まず、天売島ははるか古代から人が住み着いていたことがわかっているが、江戸時代には一度無人島になっている。

そして、再び人が定住しはじめたのは今から200年前で、これが優れた自然環境を維持できている最大の要因だと考えられている。

また、島を俯瞰《ふかん》して見るとよくわかるのだが、人間が住んでいるのは北海道側、すなわち島の東側に集中しており、西側は野鳥たちの楽園となっている。

島にまるで線を引いたように、島内は人間が暮らすエリアと、海鳥たちが暮らすエリアに分かれているのである。

たしかに、これなら人間が鳥を脅かすこともないので鳥たちも安心して巣作りや巣立ちができるが、相手が警戒心の強い鳥類だけに、この環境を保つのは口で言うほどたやすいものではない。

その証拠に、人間が住む場所からこれほど近い場所に、ここまで巨大な鳥のコロニーがある環境は世界的に見てもきわめて珍しいからだ。

島の西側には、鳥たちの生活に影響が出ない程度に数ヵ所に展望台や観測所が設けられている。

ここへ立ち、荒々しい断崖で必死に巣作りをしながら生きている海鳥たちを見ると、この島が彼らにとってまさに「楽園」そのものであることがわかるだろう。

東京都

青ヶ島

絶海の孤島に伝わる神秘の儀式をどう読むか

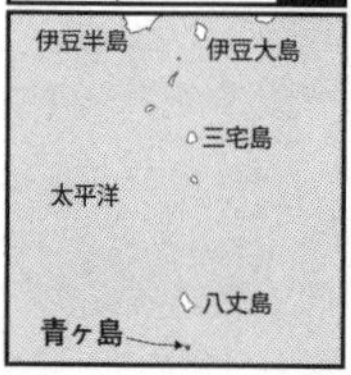

■今も伝わるミコたちの文化

伊豆諸島の最南端にある青ヶ島《あおがしま》は、周囲約9キロメートルという小さな島だ。東京からはおよそ370キロメートルも離れているが、れっきとした東京都の一部である。

黒潮の急流と、高いところでは200メートルにも達する断崖絶壁に囲まれた島は、まるで外部の者が島に立ち入るのを拒んでいるかのようだ。

また、南方でしか育たず日本では滅多に見ることができないシダの一種である「オオタニワタリ」がうっそうと茂っていて、その様相はまさに神秘の島と呼ぶにふさわしいものがある。

この島には現在170人ほどが暮らしているが、そのなかには神の声を聞き、祭事を執り行う「ミコ」と呼ばれる女性たちが存在する。島民たちは、この女性たちにまつわる神秘的な儀式を代々大切に伝えてきたのだ。

ミコとは島民が持ちまわりで演じるような形式的ものではなく、想像以上にミステリアスなものだ。

そもそも、誰でもミコになれるわけではない。ミコになれるのは幻聴や幻視などの「ミコケ」と呼ばれる前兆が現れた女性だけだ。

そうしてミコケが現れた女性は、カミソーゼと呼ばれる儀式を通じて、その女性が神と一体化したかどうかが神主によって確認される。青ケ島には多くの神々が存在していて、それらの神を自分の守護神とすることではじめてミコとして認められるのだ。

ただし、一度の儀式でミコになる女性もいれば、二度、三度とこの儀式に臨み、晩年になってようやくミコになることができる女性もいるという。

青ケ島は見渡す限りの大海原に囲まれて、かつては連絡船が1カ月以上も島に来ないことさえあったという絶海の孤島である。

そう考えると、神秘的なミコの儀式が継承され、人々が神々に祈りを捧げながら日々暮らしていたことは想像に難くないのだ。

■多くの犠牲者を出した大噴火と「天明の別れ」

人々がこうした信仰を大切にしてきたのは、この島が幾多の困難に見舞われてきたこととも無縁とはいえない。

じつは、この青ヶ島は海から顔を出した巨大な海底火山の頂上にあたり、これまでにもたびたび噴火に見舞われているのだ。

なかでも1785（天明《てんめい》5）年の大噴火による被害は甚大だった。噴煙によって昼か夜かもわからないような暗闇が島を包み、130余人の島民の命が奪われたばかりか、どうにか生き残った人々も生まれ育った島を離れざるを得なかったのだ。島に語り継がれる悲劇「天明の別れ」である。

彼らはやっとのことで隣島の八丈島に逃れて、故郷を思いながらその後40年にわたり八丈島で避難生活を送っている。その間、青ヶ島は無人島となっていたのだ。

その後、島民の悲願だった青ヶ島への帰還を実現させたのは島の名主だった佐々木《ささき》次郎太夫《じろうだゆう》という人物だ。

「青ヶ島のモーゼ」と呼ばれる彼がいなかったら、現在の青ヶ島はなかったかもしれないとまでいわれている。今でも島には佐々木家の屋敷跡が残っているくらいだ。

また、現在も八丈島と青ヶ島を結ぶ定期船「還住丸《かんじゅう》」の名前も、島民が無事に島へ戻ってきた歴史にちなんで名づけられている。島の伝統芸も「還住太鼓」というから、200年前の大噴火を忘れまいとする彼らの思いがひしひしと伝わってくる。

東京都

小笠原諸島

長い歳月をかけて独自の進化を遂げた世界遺産の島

■船は1週間に1便だけ

東京から南に１０００キロメートル離れた小笠原諸島《おがさわらしょとう》は、太平洋の真ん中に浮かぶ島々だ。

世界でも有数の透明度を誇るという海と、手つかずの大自然が残る島々を眺めていると、ここが日本の、それも東京都に属していることが不思議なくらいである。

大小合わせて約30の島々からなるこの小笠原諸島で人が暮らしているのは父島と母島だけで、その数は合わせても２５００人ほどだ。ちなみに、小笠原の表玄関となっているのは父島である。

小笠原諸島には空港がなく、島を目指すには伊豆七島を経由する定期船を利用するしかない。

東京の竹芝桟橋を出た船は、25時間もの船旅の末にようやく父島の二見港にたどり着くが、船が出るのはふだんなら1週間にわずか1便だけ。年末年始や夏休みなど繁忙期でも3日に1便程度だ。

■「進化」と「悲劇」を目撃してきた島

ところで、「東洋のガラパゴス」とも呼ばれる小笠原諸島（写真）は、岩手県の平泉（世界文化遺産）とともに2011（平成23）年6月に世界自然遺産に登録された。

亜熱帯気候に属し、年間の平均気温は23度という常夏の島々には、ガラパゴスという呼び名にふさわしいおよそ500種類もの島固有の動植物が存在している。これらは国の天然記念物に指定されているばかりか、世界中でもここにしか生息していないものもある。

オガサワラオオコウモリ、オガサワラシジミ、そしてオガサワラノスリ……と、島の生き物には「オガサワラ」という名前を冠したものが少なくない。

そんななかでも特徴的なのが陸産貝類、すなわちカタツムリの仲間だ。

島の環境に合わせて進化を続けてきた小笠原のカタツムリは現在、すでに100種類以上が確認されている。

しかもそのほとんどが島でしか見ることができない固有種で、驚くことに、いまだ

に新種が見つかっているという。

この小笠原諸島は、16世紀の終わりに豊臣秀吉や徳川家康に仕えた武将、小笠原貞頼《おがさわらさだより》によって発見されたという伝説から「小笠原」と名づけられ、その後19世紀まで無人島だった。

こうして外部からの接触がほとんどない環境で、太古の昔に風や海によって偶然に運ばれてきた動植物は外敵や絶滅の危機にさらされることなく、長い年月をかけて独自の進化を遂げてきたのである。

ちなみに、この小笠原諸島には、太平洋戦争下で激戦が繰り広げられた硫黄島《いおうとう》も含まれる。

１９４５（昭和20）年の2月から3月にかけて繰り広げられた激しい攻防戦では、日米合わせて2万７０００人もの戦死者を出した。この忌まわしい過去は多くの映画でも描かれているとおりだ。

島には現在も当時の砲台の跡など戦跡があちこちに残されて、戦争の悲劇を無言のままに伝えている。

生物の進化、そして人類の歴史の悲劇をも見つめてきた小笠原の島々は、これから先の日本の、そして地球のどんな変化を見続けていくのだろうか。

香川県

女木島

謎多き現代の「鬼ヶ島」で発見された大洞窟の秘密

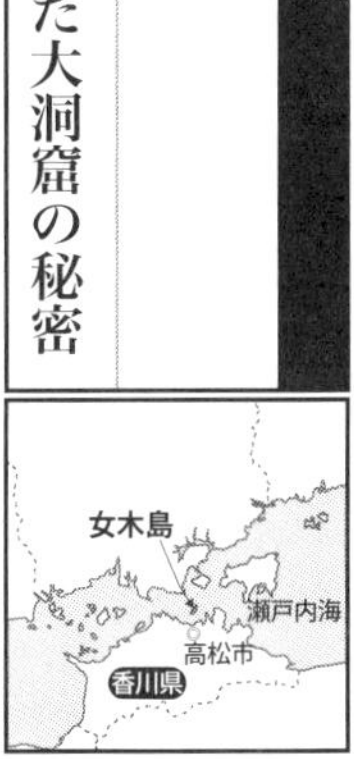

■全長400メートルの洞窟は誰がつくった?

子どもの頃から慣れ親しんできた昔話だが、昔話の舞台になったという土地は日本のあちこちにある。

金太郎が熊と相撲をとったのは神奈川県の箱根に近い足柄山だといわれているし、浦島太郎の伝説は香川県や沖縄県でも語り継がれている。

そんな昔話のなかでも、奈良、愛知、岡山……とその伝説が各地に残っているのが桃太郎だ。鎌倉時代に誕生したともいわれるこの物語は、それだけ多くの日本人に愛されてきたということなのだろう。

桃太郎の物語の最大の見せ場といえば、犬、猿、雉《きじ》を従えた桃太郎が勇猛果敢に「鬼ヶ島」に乗りこんで、鬼たちを相手に大暴れするくだりだ。じつは香川県には、桃太郎が鬼退治に出かけた鬼ヶ島が実在するのである。

香川県高松市の沖合には男木島《おぎ》と女木島《めぎ》の2つの島が並んでいる。この女木島が地元の人々からは桃太郎の鬼ヶ島と呼ばれているのだ。

高松市にある女木島は、高松港からフェリーを利用して20分ほどで渡ることができる。周囲7・8キロメートルという小さな島に、200人弱ほどの島民が暮らしている。

この島の中央にある鷲ヶ峰《わしがみね》の山頂近くに、全長400メートルの大きな洞窟が見つかったのが1914（大正3）年のことだ。「鬼ヶ島大洞窟」と名づけられたこの洞窟は昭和に入ってから一般にも公開されたことから、女木島は鬼ヶ島として全国に知られるようになったのである。

この島と鬼ヶ島の話を結びつけたのが、何を隠そう香川県に残る桃太郎伝説だ。かつて、稚武彦命《わかたけひこのみこと》という人物が吉備の国（岡山）から讃岐の国（香川）に来たときに、地元民を困らせていた海賊を仲間とともに退治した。

この話が桃太郎伝説のモデルになったといわれていることから、いつしか岡山と香川の間に浮かぶ女木島の謎の洞窟が〝鬼のすみか〟と噂されるようになったのだ。

さて、島を訪れる誰もが足を運ぶこの鬼ヶ島の大洞窟は、総面積4000平方メートルと巨大なものだ。

薄暗く迷路のように入り組んだ内部はいくつもの部屋に分かれていて、「宝庫」や「監禁室」、「鬼大将の部屋」などの名前がつけられている。たしかに鬼が住んでいたかのような不気味さが漂う。

洞窟は紀元前１００年頃に人の手によって掘られたものといわれていて、中国の古い要塞の造りにも似ているという。鬼とはいわないまでも、実際に海賊の隠れ家だった可能性があると考えられている。

ちなみに、洞窟のそばにある土産物屋ではきびだんごが食べられるというから、桃太郎さながらに仲間と腹ごしらえをしてから洞窟探検に臨むのもいいだろう。

■要塞のような巨大な石垣

ところで、島に着いて船を降りると船着き場の近くに突然モアイ像が立っていて驚かされる。

その高さはおよそ3メートルと、実際にチリのイースター島にあるモアイ像と同じサイズだというが、なぜモアイ像が日本の、それも瀬戸内の小さなこの島にあるのだろうか。

じつはこのモアイ像は、高松市に本社を置く大型クレーンのメーカーが島に提供した模型だ。

イースター島のモアイ像修復プロジェクトに参加したこのメーカーが、倒れたモアイ像をクレーンで持ち上げるテストを行うために実物と同じサイズと重さのモアイ像を造ったのだ。

その後、プロジェクトは見事に成功し、高松市に寄付されたその模型がこの島に置かれているというわけだ。

模型とはいえ石造りで、見た目はイースター島の本物と見間違えるほどだと評判になっている。

また、島の集落には巨大な石垣が設置されていて、まるで要塞のような物々しい雰囲気を醸し出している。

民家の屋根まですっぽり覆っているこの石垣は防風壁の役目を果たしていて、島では「オオテ」と呼ばれている。明治から昭和初期に建てられたものだ。

女木島は訪れる人々の目を飽きさせない、現代の鬼ヶ島なのだ。

長崎県

対馬島

島に残る立入禁止の聖地「オソロシドコロ」とは？

■古い神々が鎮座する島

対馬島《つしまじま》は朝鮮半島から約50キロ、九州本土からは１３２キロと、距離的には九州本土より朝鮮半島からのほうが近い。

地元では「対馬アリラン祭」や「対馬チング音楽祭」などが行われ、民間レベルの交流は盛んで、プサンからの高速艇が就航して以来、韓国からの観光客も激増している。

その対馬島は、南北に約82キロメートル、東西には約18キロメートルと細長く、面積は約７００平方キロメートルある。長崎県最大の島であり、１００以上の小島で構成された対馬の主島だ。

ところで、この島が文献に登場するのは、なんと3世紀に書かれたとされるあの有名な「魏《ぎ》志《し》倭《わ》人伝《じんでん》」だ。

中国の三国志時代を物語るその歴史書の中に「始めて一海渡ること千余里、対馬国に至る……」とある。

山深く、路はけもの道のように細く、水田はなく、海産物を食しているといった記述もあり、現在も9割が山林で農耕地の少ない島の特徴がありありと描かれているのである。

また、対馬最古の越高《こしたか》遺跡からはおよそ7000年前のものと思われる九州と朝鮮半島の遺物が出土していることから、九州と朝鮮半島との交流・交易はかなり古くから行われていたことがわかる。

このように、日本と大陸をつなぐ島として役割を果たしてきた対馬島には、航路守護や武神などの神々が鎮座し、今も当時を偲ぶことができる場所がある。

そのひとつが地元で「オソロシドコロ」と呼ばれる島の聖地だ。2010(平成22)年4月にテレビで放映されて立入禁止ゾーンとして紹介されるや、この「オソロシドコロ」というキーワードがインターネットでも話題にもなった。

■天道信仰の聖地

「オソロシドコロ」は島では誰もが知る場所で、今では桜やツツジが植えられて、憩いの場として住民に親しまれている。

だが、かつては文字どおりの「恐ろしいところ」であり、祟りがあるとして立ち入ることが禁じられていたのだ。年輩者の中には、今でも近寄るのを嫌がる人がいるという。

「オソロシドコロ」は、対馬固有の「天道信仰」と深い関わりがある。

天道（天童）信仰は、太陽を神様とする太陽信仰の一種で、天照大神《あまてらすおおみかみ》の原型となるような対馬独特の伝承上の聖人である天童法師を篤く信仰している。

天童法師は、673（天武天皇2）年に対馬の豆酘郡内院村《つつぐんないいんむら》に生まれ、母親はウツロ船に乗って漂着した高貴な身分の女性で、太陽の光で身ごもったとされているため天童（お天道様の子）と名づけられた。

超人的な能力を持つ天童法師は、空を飛ぶことができ、京の文武天皇が病に伏したときには、対馬の地から京まで飛んで行って治療したと伝えられている。

この天道信仰の中心となっているのが島の南部にある多久頭魂神社《たくずだまじんじゃ》と、島の北部にある天神多久頭魂神社《てんじんたくずだまじんじゃ》だ。

対の関係にある2つの神社のご神体は、ともに天道山（龍良山）である。天道信仰は基本的に社殿を持たない信仰なのである。

そして、この天道山の南側の麓に天童法師の墓所とされている「表八丁郭《おもてはっちょうかく》」がある。

原生林の中にひっそりとピラミッド状に石を積んだだけの、その小さな塔こそが「オソロシドコロ」と呼ばれる聖地だ。

ここは、死者を祀る祭祀場として宗教的な儀式が行われた場所ともいわれ、神聖な儀式が人に見られないよう、オソロシドコロと呼び、怖いイメージを人々に植えつけたという説もある。

また、天道山の北側の中腹には、天童法師の母の祠《ほこら》と伝えられる「裏八丁郭《うらはっちょうかく》」があり、こちらも表八丁郭と並ぶ「オソロシドコロ」として恐れられた聖地だ。

対馬島にはほかにも多くの神々がいて、その数だけ神話や言い伝えがある。島は不思議で満ちているといっても過言ではないのだ。

鹿児島県

甑島

首なし馬に乗って降りてくる「トシドン」の謎

■セイロ型の巨岩が神様

甑島《こしきじま》列島は、薩摩半島の西約30キロメートル沖にあり、南北に35キロメートルほどにわたって上甑《かみこしき》島、中甑《なかこしき》島、下甑《しもこしき》島という3つの主島と、その周辺に小島が点在している。鹿児島本土の串木野新港から高速船とフェリーが1日2便ずつ出ており、上甑島の里港までは高速船で約55分という距離だ。

平安時代の書物『続日本紀』にはすでにその名があったといわれ、独自の文化が根づいている。また、変化に富むダイナミックな地形が釣りファンをはじめ、多くの観光客を楽しませている。

ところで、「甑」という字をはじめて見た人も多いと思うが、この字はほかではあまり見ることのない珍しいものである。

もともとは古代中国を発祥とする米などを蒸すための土器のことを指す、いわゆる

セイロの原型といえるものだ。

その甑の形をした巨岩が上甑島と中甑島を結ぶ橋のたもとに見える。それを甑大明神として祀ったことが島の名前の由来で、断崖絶壁の巨岩だらけの島にあって岩のたもとに赤い鳥居が立っている。

その大明神がある「甑大明神橋」と「鹿の子大橋」という2本の橋で、上甑島と中甑島は結ばれているが、下甑島へ渡る橋はない。中甑島とは距離にしてわずか1キロメートルほどなのに、横たわる瀬戸の流れは速く、実際の距離以上に島同士を遠く分けているのだ。

そのためか、上甑島には世界でも非常に珍しい30億年前から存在する「クロマチウム」という原始微生物が発見された貝池や、ナマコがいる海鼠《なまこ》池《いけ》などがあり、下甑島は「ナポレオン岩」（写真）をはじめとする奇岩などがある。

しかし、近年になって甑島を有名にしたのは、ドラマ化もされた「Dr.コトー診療所」だろう。

なにを隠そう、主人公のモデルは下甑島に実在する手《て》打《うち》診療所の医師なのである。

そんな島のなかでも、とっておきなのが下甑島の「トシドン」だ。トシドンは毎年大晦日の夜、天界から首なし馬に乗って降りてくるといわれている。

■来訪神「トシドン」

トシドンは耳まで裂けた大きな口と、30センチもあろうかという長い鼻を持ち、顔は真っ赤だったり真っ青だったりして白髪を振り乱している。

体にはミノをまとい、恐ろしい形相をしながら大晦日の夜に鈴を鳴らし「おるか、おるか」と唸りながら子どものいる家にドカドカと入り込んでくるのだ。

こう聞くと「なまはげ」では？　と思うかもしれないが、たしかにトシドンは〝下甑島版なまはげ〟ともいうべきものだ。

1974（昭和49）年には、国の重要無形民俗文化財に登録されている由緒ある伝統行事なのだ。

トシドンの名前は、「年神」からきているといわれているのでトシドンは鬼ではなく神様だ。

年に一度だけやってきては、その1年悪さをした子どもを戒め、新しい1年には良い子でいるように諭して帰るという。

トシドンが訪れるのは、3歳から7歳までの子どものいる家で、トシドンに扮するのは島の青年たちだ。太平洋戦争が終わる頃までは、8歳から16歳までの子どもがやっていたという。

7歳までは戒められる身で、8歳からは戒める側になり、16歳以上になるとトシドンを補佐する役目を受け持ったそうだ。年齢に応じた自覚を促し、健やかな成長を図る行事でもあったのだ。

トシドン役は、子どもたちが1年でどんなことをしたのかを事前に親たちにリサーチしているので、あまりに具体的に言い当てられた子どもたちは驚いて、トシドンの言うことをきくようになる。

なかには怖くて泣きじゃくる子に歌を歌わせたり、モノマネをさせたりすることもあるという。

そして最後に、子どもに年餅をひとつ渡してトシドンは帰っていく。この餅をひとつ食べないと歳をとれないという言い伝えがあるので、子どもたちは餅をもらうためにトシドンに対して来年は悪さをしないことを約束するのである。

こうして子どもたちは大人になるのだが、若者の働き口は少なく、島の人口は年々減っている。トシドンのような伝統文化がなくならないように祈るばかりだ。

沖縄県

波照間島

理想郷「パイパティローマ」はどこにあるのか

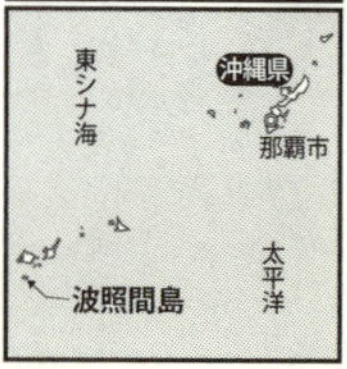

■重税に苦しんだ島民が目指した楽園

沖縄地方には「シマチャビ」という方言がある。これを訳せば「離島苦」となり、つまり離島ゆえの苦労を表す言葉である。

たとえば、しばしば新聞などでも取り上げられる医師不足の問題はシマチャビの象徴でもある。

そもそも医療、福祉、教育といった面で離島はどうしても後回しにされがちになる。島は過疎化し、経済は立ち行かない。そうした悲惨な状況を表すのがシマチャビなのだ。八重山諸島のひとつである波照間島《はてるまじま》ももちろん例外ではない。

波照間島は日本最南端の有人島で、その大部分を主力産業であるサトウキビ畑に覆われており、のどかな空気が漂う。マリンブルーの海だけを見ると楽園とも思える美しさだが、島の暮らしは琉球王朝時代からすでに過酷だった。

それを物語っているのが「パイパティローマ」という伝説である。

八重山諸島と宮古島には、その昔、人頭税という重税が課せられていた。これは15歳から50歳までの男女に頭割りで税を課すというもので、貧しい者には厳しい納税制度だった。この苦しみから逃れるために島民が目指したのが、パイパティローマという楽園である。

「パイ」は南、「パティローマ」は波照間を意味することから、その地は波照間よりさらに南にある島を指していたことになる。

実際、『八重山島年来記《やえやまじまねんらいき》』には、1648（延宝6）年に波照間島の平田村《ひらた》に住んでいた40〜50人の農民が税を取り立てに来た役人の舟を奪い、パイパティローマを目指して逃亡したという記述がある。

琉球には古くから海の彼方には「ニライカナイ」というエルドラド（理想郷）があると伝えられてきた。パイパティローマもそれに結びついた夢物語なのかもしれない。

というのも、波照間の南にあるという島がどの島なのかは今もわからないし、そこへ辿り着いた者の話も伝わっていないからだ。

しかしこの話は、離島に住む者が昔からシマチャビに苦しんだ様子を示す確かな証であることは間違いないだろう。

■真っ白な顔のミルク神とは

波照間島は神々の島と呼ばれるほど信仰心の篤い島だといわれている。なかでも、きわめてユーモラスなのが「ミルク」と呼ばれる神様だ。

その名にふさわしく、真っ白い顔をしており黄色い衣をまとっている。いったいミルクとは何の神様かというと、じつは「弥勒《みろく》」のことである。

もちろん弥勒というだけにルーツは仏教になるが、その姿が我々の知る弥勒菩薩像とかけ離れているのには理由がある。

八重山地方に伝わったのは、中国あるいはベトナムで信仰されていた菩薩信仰なのである。そこでは七福神で知られる布袋和尚が弥勒菩薩の化身だと考えられており、そのため波照間地方のミルク（弥勒）は福々しい顔立ちの布袋像に似ているのだ。

島では旧盆に「ムシャーマ」という祭りが行われ、この仮装行列の主役としてミルク神は登場する。子どもたちを引き連れゆったりと歩く神さまに島民たちは五穀豊穣を祈るのである。祭りの日、人口わずか５４０人ほどの島は県外から訪れる観光客も含め祭り一色になる。今もシマチャビは変わりがないが、この日だけは南の島特有のおおらかなムードに包まれるのだ。

タイ

ピピ島

海賊たちが洞窟に残した謎の壁画の痕跡

■ハリウッド映画のロケ地

ピピ島はタイの南部クラビ県に属している。正確にはピピ・ドンやピピ・レなど大小6つの島々の総称で、観光地でおなじみのプーケット島からはおよそ45キロメートル離れている。

現地では「ピーピー」という発音のほうが近いが、「ピー」とは霊という意味で、つまりは「精霊の島」ということになる。

街があるのはピピ・ドン島で、こちらはツーリストに人気のリゾートアイランドだ。ホテルやレストランなどが建ち並び、にぎやかな雰囲気に包まれている。

そのほかはすべて無人島だが、そのなかでもピピ・レ島のマヤ湾はハリウッド映画の『ザ・ビーチ』のロケ地になったことで一躍有名になった。

物語のなかでこの地は伝説のビーチとして登場するのだが、透き通ったエメラルドグリーンの海が広がるビーチはまさに秘密の楽園といった趣だ。

この島の最大の見どころはバイキング・ケイブである。ゴツゴツした岩場に大きく口を開けた洞窟で、現在は一般の立ち入りが禁じられている。

というのも、この洞窟には数千匹ものウミツバメが棲みついており、いたるところに巣をつくっているのだ。

ウミツバメの巣は中華料理の高級食材として珍重されるため、定期的に採取されている。そういう意味ではまさにお宝が眠っている洞窟といえるだろう。

■古代の海賊たちの隠れ家

しかし、この洞窟に眠っているのはお宝だけではない。じつは謎の壁画があることでも有名なのだ。しかも、それを描いた者が誰なのか判明していないというから興味深い。

洞窟の深さは500メートルにも及んでおり、奥は鍾乳洞のようになっている。そして洞窟の右の壁に壁画があり、そこにはヨーロッパやアラブ、中国といったあらゆる地域の船が描かれている。

海賊の隠れ家だったのではないかといわれているが、バイキング・ケイブという名前もそうした言い伝えからつけられている。

ちなみに、世界最古の壁画はフランスにあり、今から1万5000年も前の旧石器時代に描かれたものだとの調査結果が出ている。

ピピ・レ島のそれは残念ながら詳しい年代はわかっていないが、絵は鳥の血と土を混ぜて描かれているらしい。

もし海賊船を描いたものだとすれば、さすがにそこまでは古くないだろうが、いったいいつの時代のことなのか、なんともミステリアスである。

2004年12月にはマグニチュード9・0のスマトラ島沖地震が起き、ここピピ島にも津波が押し寄せ、壊滅状態となった。

それまでタイでは津波のことを「大型の波」と表現していたのだが、このときから「スナーミ」（日本の津波の音訳）が一般的に使われるようになったという。

現在では地震以前よりも開発が進んで、ホテルやレストランなどがひしめき合い旅行者らで賑わっている。

ドミニカ／ハイチ

エスパニョラ島

コロンブスの遺体をめぐる奇妙な話

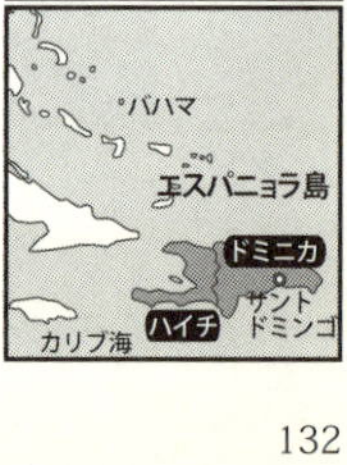

■多数の歴史遺産が残る島

カリブ海のほぼ真ん中に位置しているエスパニョラ島は、マイアミから飛行機に乗れば2時間程度でたどり着くことができるほか、ニューヨークやカリブ海諸国からもアクセスできる。

エスパニョラ島の大きさは北海道と同じくらいだが、これを2つの国で分け合っている。

西側がハイチ、東側がドミニカ共和国となっていて、このうち島の3分の2を占めているのはドミニカ共和国である。19世紀には何度かハイチが全島を支配したものの、1865年にドミニカ共和国が完全独立を果たしている。

ひとつの島の中で隣り合っているが、しかしこの2つの国の印象は対照的だ。

フランスの植民地だったハイチには、かつて50万人という大量の黒人奴隷が連れてこられた。

そのため、今でもアフリカの文化を色濃く受け継いでおり、ほかのカリブ海諸国とは少々異なった雰囲気を持つのだ。

一方のドミニカ共和国は明るく情熱的な、いかにもカリブ海の国らしい空気が漂っている。年間の平均気温が26度で美しいビーチも備えており、1年中観光客が絶えない。そして、歴史的な建築物が非常に多いのもドミニカ共和国の特徴だ。歴史遺産の数はカリブ海諸国の中でもトップを誇る。

じつは大航海時代、スペインが新大陸で最初に街を築いたのが、ここエスパニョラ島なのである。それがドミニカ共和国の首都となっているサント・ドミンゴだ。

新大陸で初めて建設された大聖堂、歴代の総督が暮らしたラス・カサス・レアル、コロンブスの子孫が住んだアルカサル、そして海賊から街を守るために築いたオサマ砦《とりで》など、あちらこちらに残る建築物がスペイン時代の面影を今にとどめている。

そんなサント・ドミンゴの旧市街は1990年、世界遺産に登録されている。

ところで、エスパニョラ島に最初に到達したヨーロッパ人は誰かというと、あのコロンブスである。大西洋に船出したコロンブスはカリブ海でさまざまな島を発見しているが、エスパニョラ島もそのひとつだ。

しかも、エスパニョラ島はコロンブスと深い関わりを持っている。ここはコロンブスの栄光と挫折が秘められた島なのである。

■むなしく消えた栄光

コロンブスがエスパニョラ島を発見したのは1492年、最初の航海のときである。黄金の国ジパングを目指していた彼は、この島に金山があり、住民も金の装身具をつけていたことから、ここがジパングに違いないと確信したという。

現代のわれわれから見れば、あまりにも見当外れの場所ではあるが、当時の西回り航路は海図もない未知の世界だった。

彼はここに砦を築き、39人の部下を残して帰路につく。新航路発見のニュースをスペインに持ち帰ったコロンブスは、おおいに称賛された。

このため、たった3隻で出発した最初の航海とは違い、2回目は17隻という大船団が組まれたのである。

新大陸への足がかりとなるエスパニョラ島は、彼の栄光を約束する場所になるはずだった。

ところが、島へ戻ると先住民に砦を壊され、部下もすべて殺されていた。コロンブスはしかたなく別の場所に都市を建設し、そこをイサベラと名づける。これが実質的な植民地統治のはじまりとなった。

都市建設の途中もコロンブスは周囲の島々の探検を続けた。そしてコロンブスが戻ってみると、先住民の反乱や疫病の蔓延《まんえん》、食料不足などでイサベラは大混乱に陥っていたのである。

こうした植民地経営の失敗の責任を問われたコロンブスは、3回目の航海後に逮捕されてしまう。サント・ドミンゴは彼の後任によって新たに築かれた都市なのである。

コロンブスはこのあと最後の航海に出たものの成果を上げられず、その1年半後に寂しく生涯を閉じている。

■さまよい続けたコロンブスの遺骨

さて、亡くなったコロンブスの遺骨だが、これも数奇な運命をたどっている。

まず、彼が没したスペインのバリャードに葬られたものの、3年後にはセビリアの修道院に移される。

コロンブスは、自分が死んだらエスパニョラ島に安置してほしいと遺言を残していた。その遺言にしたがって1544年、コロンブスの遺体は再びサント・ドミンゴ大聖堂に運ばれている。

総督として挫折を味わったとはいえ、エスパニョラ島は彼には忘れ難い島だ。これでコロンブスもようやく安らかな眠りにつけるかのようにみえた。

しかし18世紀末、スペインが大聖堂のある土地をフランスに割譲《かつじょう》することになった。そのため、遺骨はキューバの大聖堂へと三度移されることになる。

だが、これで終わりではない。「米西戦争」に負けたスペインはキューバをアメリカに奪われてしまい、遺骨をスペイン本国のセビリアへと戻すことになったのだ。

ここで問題が生じた。ドミニカ共和国はキューバに移送した遺骨はコロンブスの息子のものだったと主張したのだ。つまり、コロンブスの遺骨はずっとエスパニョラ島にあったと発表したわけである。

現在でもドミニカ共和国、スペインともに自分たちが所有している遺骨が本物だといい、その決着はついていない。

エスパニョラ島ではコロンブスの新大陸到達500周年を記念して、1992年にコロンブス記念灯台が建設された。その際に遺骨と霊廟《れいびょう》もこちらに移している。

どちらの国にある遺骨が本物なのか真偽のほどはわからないが、コロンブスがエスパニョラ島を第二の故郷のように愛していたことだけはたしかなようである。

ギリシャ

イドラ島

自動車の乗り入れをいっさい禁止している事情とは？

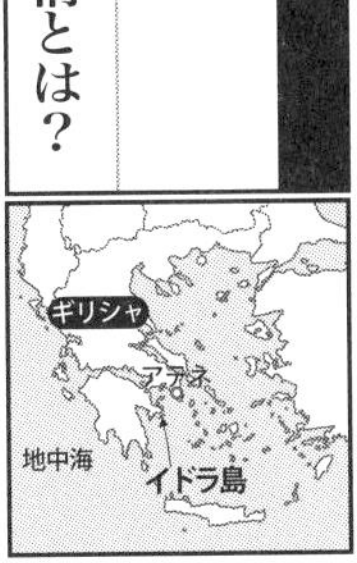

■どこを歩いても美しい風景に出会える

ギリシャというと古代の遺跡や彫刻、あるいは現代にまで名を残す偉大な哲学者であるプラトンやソクラテスなどのことを思い浮かべるかもしれない。

しかし、ギリシャの魅力はそれだけではない。エーゲ海クルーズもまた観光の目玉のひとつだ。ギリシャには３０００を超える島々があるが、その8割近くがエーゲ海に点在している。首都アテネから10キロほど南西にあるピレウスは、エーゲ海への玄関口だ。ここは古代から港湾都市として栄えてきた。

このピレウスから高速艇に1時間あまり乗るとイドラ島にたどり着く。サロニコス諸島のひとつで、総面積が約64平方キロメートルという細長くて小さな島だ。

赤い屋根に白い壁を持つ家々が紺碧《こんぺき》の海に映える景観が非常に美しいこの島は、映画の撮影にも何度も使われてきた。またサロニコス諸島でもピカイチの透明度を誇る海には、海水浴を楽しめるビーチもたくさんある。

そんな魅力を持つイドラ島は、ギリシャ人にとっても自慢の島だ。

ところが、この島に上陸すると奇妙なことに気がつく。世界のどんな片田舎に行っても見かけるものの姿が見当たらないのだ。

それは自動車やバイクで、イドラ島ではこれらの乗り入れをいっさい禁止しているのである。

■ロバのほうが便利だった複雑な地形

じつは、自動車を使いたくても使えない事情がこの島にはあるのだ。最大の理由はその地形だ。

イドラ島は山が多くて道幅が狭く、急な階段や複雑に入り組んだ路地も多い。そもそも自動車の通行に適した道がほとんどないのである。

とはいえ、重い荷物を運んだり遠くまで移動する場合には、自動車以外のおもしろい交通手段が用意されている。

海岸沿いの移動にはボートタクシーが使われる一方、陸上で人々の足代わりになっているのはロバ（写真）だ。世界広しといえども、ロバタクシーにお目にかかれると

ころはそうないはずだ。

ところで、自動車を使っていないとはいえ、歴史的に見てイドラ島はけっして貧しい島だったのではない。むしろ逆である。

ギリシャ本土と同じように、イドラ島も何世紀にもわたってオスマン・トルコの支配下に置かれてきた。しかし、ある程度の自治権を認められていたため、18〜19世紀にかけては海上貿易で膨大な富を築き上げたのである。

今でも島のあちらこちらにイタリアの様式を色濃く受け継いだ豪華な邸宅が残っているが、それらの大半はこの時代に建てられた商人たちの家だ。

オスマン・トルコからの独立戦争の際には、イドラ島の商人たちがこの富と商船団を駆使しておおいに貢献したという。

また、イドラ島の美しさと静かな雰囲気は多くの芸術家の卵を惹きつけ、今では「芸術家の島」とも呼ばれている。

自動車の代わりにロバが行き交う街はどこかのどかで、時間の流れまでゆったりとしているように感じられる。

近代化はたしかに生活を便利にはするが、自動車を導入することができなかったからこそ、イドラ島はこの静かで美しいたたずまいをこれからも残していけるのだろう。

A guide to world's most mysterious isolated islands

Chapter 4

歴史のなかで育まれた伝説の「離島」

新潟県
佐渡島
地蔵を背負って踊る奇祭の知られざるルーツ

■流刑者たちがもたらした文化

芝居の劇団などが地方を巡業することを「どさ回り」などというが、この「どさ」とはじつは佐渡のことである。

江戸時代、博徒たちは捕まると「佐渡送り」になったため、それを意味する隠語として「佐渡」をひっくり返し「どさ」と呼んでいた。

その後、歌舞伎役者が地方巡業の辛さをたとえるのに自嘲的に使ったのがはじまりで、それが現代の芸能界に残ったといわれている。

新潟県の佐渡島《さどがしま》は、日本海でもっとも大きな離島である。その面積は東京23区に匹敵するほどで、島内にはおよそ5万8000の人々が暮らしている。400年前には金山が開かれ、「黄金の島」とも呼ばれたこともある。

佐渡島と本州は最短で34キロメートルしか離れておらず、実際、新潟県の海岸沿いを車で走っていれば、海上にはっきりと映し出される大きな島のシルエットを確認できる。

佐渡は古くは流刑の島として知られているが、この島は他の島に比べて思想犯や政治犯が多かったのが特徴だ。

ちなみに佐渡への流人第1号は、722（養老《ようろう》6）年に天皇を批判した罪で流されてきた万葉歌人の穂積《ほづみの》朝臣《あそん》だったといわれている。

室町時代にはやはり政治犯として都から佐渡に流されてきた人物に世阿弥《ぜあみ》がいた。その世阿弥が島民らに伝授した能は、のちに佐渡奉行として赴任した大久保長安《おおくぼながやす》に受け継がれ、のちに続く佐渡独自の能文化の素地となった。

大正時代には「鶯《うぐいす》や十戸の村の能舞台」と歌にも詠まれ、ついには農民が畑仕事で謡曲を口ずさむほど、島には能が根づいたのである。

新潟からは船ですぐに行ける距離でも、朝廷が置かれていた近畿から見れば佐渡は最果ての地にも似た場所である。

都からの距離の長短で罪の重さが決まった当時では、佐渡への流刑はかなりの重罪だったといえるだろう。

しかし、彼らのような知識人たちが流刑者のなかにいたからこそ、佐渡はほかとは一線を画す「芸能と文化の島」になったのである。

■100キログラムもの地蔵を背負う奇妙な踊り

佐渡は民話が多い場所としても知られている。全国的によく知られる「鶴の恩返し」は、古くから佐渡に伝わる「鶴女房」がベースになっているし、「安寿《あんじゅ》と厨子《ずし》王」や「山椒《さんしょう》大夫」などもこの地が発祥だといわれる。

佐渡はまた、奇祭の宝庫でもある。

たとえば、羽茂《はも》地域の羽茂まつりでは「つぶろさし」なる舞が行われる。「つぶろ」とは男根のことで、それを模した棒を手にした舞い手が、太鼓や笛などの音楽に合わせて子孫繁栄と豊作を祈るという神楽だ。

また、ふんどし姿の男たちが厄年の男性を担いで厄落としをする月布施《つきふせ》の「ドウ押し」も珍しいし、各集落で受け継がれる五穀豊穣を祈る伝統芸能「鬼太鼓（オンデコ）」も風変わりだ。

きわめつけは豊田《とよだ》地区に伝わる「豊田音頭」で、こちらはなんと重さ100キログラムもある地蔵を背中に担いで踊るのである。

これだけ聞けばなんとも奇妙だが、この豊田音頭には不思議な言い伝えがある。

民謡そのものは江戸時代に佐渡金山が隆盛を極めた頃に流行った「佐渡道中音頭」がルーツで、島に伝わる話によれば、かつて妻子を亡くした男が、お盆に仏の身代わりに地蔵を背負って踊った。これがきっかけで、この音頭を踊るときにはみな地蔵を背負うようになったのだという。

地蔵といえば、佐渡はもともと地蔵信仰が盛んな土地柄で、島内ではいたるところに大小の地蔵が見られる。

とくに、宿根木《しゅくねぎ》地区にある「幸福地蔵」は日本一といわれるほどの大地蔵で、高さ17・5メートルもある。

しかも、近くの琴浦《ことうら》では24メートルの海底に2メートルもの地蔵が沈められているというから驚く。もともと佐渡の島民たちにとって地蔵はもっとも親しみやすい存在なのかもしれない。

■亀の形をした奇岩の不思議

さて、島内を北上すると北の端の海上に奇妙な2つの大岩が見えてくる。島内でももっとも有名な観光名所のひとつでもある「磯の島」と「沖の島」で、通称「二ツ亀」である。

まるで2匹の亀のように見えることからこう呼ばれているが、じつはこの岩は1枚岩だ。潮が満ちると離島になるが、潮が引けば陸続きになるのである。

また、その近くには日本三大巨岩ともいわれる「大野亀《おおのがめ》」がある。海抜167メートルもある巨大な一枚岩で、こちらの「亀」はアイヌ語の「神（カムイ）」に由来している。

このことからもわかるように、ここは古くから神聖な島として崇められた場所で、頂上にある石塔は海の安全を守る竜神として信仰されてきた。

ちなみに、この「二ツ亀」と「大野亀」を結ぶ海岸沿いには、おびただしいほどの石の地蔵が並ぶ「賽《さい》の河原」がある。

ほかの土地にある同名の場所と同じように、ここは観光地というよりは幼くして死んだ子どもを供養する祈りの場であり、人を寄せつけない独特の雰囲気を持っている。

奥には「血の池」と呼ばれる水たまりがあり、周辺に積み上げられた石や地蔵を持ち帰ると、その身に災いが起こるという言い伝えもあるほどだ。

能、民話、信仰、祭り、自然……、どれをとっても個性がきわだつ佐渡。一度でも島を訪れれば、その魅力の虜になるはずである。

千葉県

仁右衛門島

源頼朝をかくまった小島の秘密

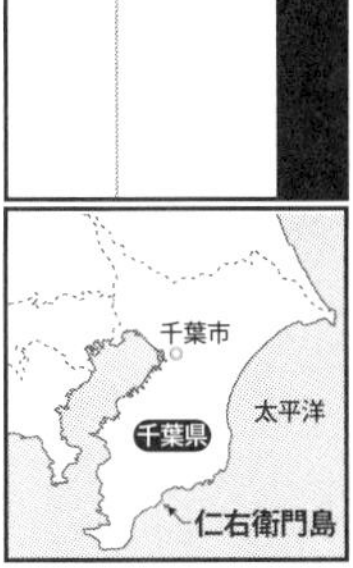

■昔ながらの渡し船が行き来する

千葉県で唯一の有人島である仁右衛門島《にえもんじま》には、その小さな姿からは想像もできない歴史と伝統が息づいている。

古くから続く名家には、世襲した当主が数百年にわたって同じ名前を代々引き継いできたという話は珍しくはないが、この島の当主の名前は代々平野仁右衛門《ひらのにえもん》といい、その名はなんと８００年以上も前から島の所有権とともに受け継がれてきたものなのだ。

新日本百景にも選ばれているこの小島が全国的に知られている理由はそればかりではない。じつは、歴史の教科書には必ず載っているある人物と浅からぬ縁があるのである。

千葉県の房総半島南部に位置する鴨川市。眼前に太平洋が広がる温暖なこの地は、多くの観光客が訪れる水族館「鴨川シーワールド」などの観光スポットでも人気の場所である。

この鴨川の太海《ふとみ》海岸から200メートル沖合の、泳いでも渡れそうな目と鼻の先に仁右衛門島が浮かんでいる。

JR内房線の太海駅から釣り客に混じって10分ほど歩くと、この島に渡るための渡船場が見えてくる。船といっても、船頭自ら櫓《ろ》を漕いで操る小さな手こぎの渡し船だ。この重たい櫓を軽々と扱うその手さばきは見事なもので、客がいればいつでも舟を出してくれるという。

ギッギッという昔ながらの櫓の音を聞きながらわずか5分ほどの船旅で、ところどころに岩肌がのぞく仁右衛門島にたどり着く。

島の周囲は約4キロメートルというから、ゆっくり歩いても30分あればひと回りできてしまう大きさだ。

まるでアルファベットのUを逆さにしたような形をしたこの島には手つかずの自然が広がり、夏ともなれば海水浴やバーベキューを楽しむ観光客らで賑わう。そんな島を訪れた人々の多くが足を運ぶのが、船着場の裏手にあるぽっかりと口を開けた小さな洞窟だ。

じつはこの洞窟には追手から身を隠した源《みなもとの》頼朝《よりとも》が息をひそめて隠れていたという伝承が残されていて、古くから「頼朝のかくれ穴」と呼ばれている。

頼朝を助けたお礼にもらった島

1180（治承《じしょう》4）年、平安時代の末期のことである。武士の世を築こうと平氏打倒に立ちあがった頼朝は、神奈川県小田原市付近で大庭景親《おおばかげちか》率いる平氏の軍勢と刃を交えた。

ところが、頼朝が挙兵した最初の大きな戦いだったといわれている「石橋山《いしばしやま》の戦い」で、頼朝軍は無残にも敗北を喫してしまったのだ。

敗走の中をどうにか逃げ延びた頼朝は、数人の家臣とともに船で安房《あわ》、現在の房総半島に命からがら落ちてきた。

このときに、夜襲を受けた頼朝一行をこの小島に匿《かくま》ったのが初代の平野仁右衛門だったといわれている。

こうして九死に一生を得た頼朝は再び兵を立ち上げると、弟の義経らとともに平氏を倒して鎌倉幕府を開いたのはご存じのとおりだ。

海岸の崖を掘り抜かれただけの岩穴で悔しさをかみ殺していたであろう若い侍が、

やがて天下を治めるほどの人物になるとは仁右衛門も予想だにしなかったはずだ。征夷大将軍《せいいたいしょうぐん》となった頼朝から礼を尋ねられた仁右衛門は、この島の所有権と島一帯の漁業権を申し出る。

これが太平洋に浮かぶ小島が仁右衛門島となったいきさつである。それ以来、現在に至るまでこの島は個人が所有する島として、平野仁右衛門の一族だけが代々暮らしてきたのだ。

仁右衛門島には、日蓮《にちれん》が修行したといわれる岩場や弁財天、俳人・松尾芭蕉らが島の四季を詠んだ石碑などいくつかの見どころがあるが、平野家が暮らしてきた歴史ある住居もそのひとつで、一部が公開されていて見学スポットになっている。

現在の住居は1704（宝永《ほうえい》元）年に建て直されたものだというだけあってじつに趣深い。

島の展望台から海を眺めると、今日もゆっくりと島をめざして進む渡し船が見える。そこに、はるか昔、ひそかに島をめざした頼朝の姿を想い重ねてみるのもまた一興である。

東京都

伊豆大島

教科書には載らない伊豆大島のもうひとつの歴史

■島を支配した不出世のカリスマ

東京都心にも近い竹芝桟橋から高速船に揺られること2時間あまりで、１００以上の島々からなる伊豆諸島で最大の広さを誇る伊豆大島が見えてくる。

伊豆諸島の中で最も北に位置し、東京ドーム約２００００個分に当たる90平方キロメートルほどの面積を持つこの島は、その7割以上が森林という手つかずの自然が残された秘境でもある。

現在の人口は８２００人ほどで、戦後のピーク時には1万３０００人を超える人が暮らしていたこともあったという。そんな島に残されている、知る人ぞ知る興味深いエピソードをいくつかご紹介しよう。

時は12世紀のはじめ、平安時代末期のことである。源為朝《ためとも》という武将が流罪を申しつけられてこの島にやってきた。

この名前を聞いてピンとくる人はかなりの歴史通といっていいだろう。為朝は身長2メートルを超す巨漢で腕っぷしも強く、幼い頃から家族も手を焼くほどの荒くれ者だった。

ただし、弓の扱いはみごとなもので、その腕前については右に出る者がいなかったといわれている。かといって日本史の教科書でその名前を目にすることはほとんどない。為朝は、父である源為義《ためよし》や兄弟らとともに1156（保元《ほうげん》元）年の「保元の乱」に参陣している。

保元の乱とは崇徳《すとく》上皇と後白河《ごしらかわ》天皇の皇位をめぐる対立からはじまった戦いで、為朝は一族とともに崇徳上皇に味方して戦い、自慢の弓で平清盛《たいらのきよもり》さえも震い上がらせたといわれている。だが、この戦いは後白河天皇側の勝利に終わり、敗軍の将となった父の為義は斬首。こうして為朝は伊豆大島に流されることになったのだ。

ところが、島流しになったからといって大人しくしているような為朝ではなかった。戦いで受けた傷が癒えると彼は島の代官の娘を妻にめとり、伊豆大島を皮切りに周囲の島々を次々と従え、支配者として君臨するようになった。豪胆な彼には、人々を惹きつける不思議なカリスマ性があったのかもしれない。

かくして、為朝はついに伊豆諸島の主になったのである。

一方の朝廷としては、謀反人である為朝を好き勝手にさせておくわけにはいかないため、島に向けて為朝討伐の大軍を差し向けたのだ。

いずれこうなることは為朝が一番よくわかっていたはずだ。島に襲いかかってきた朝廷の大軍を相手にひと暴れすると、観念した為朝はいさぎよく腹を切って死んだといわれている。

そんな為朝が島で暮らした住居の跡地には今ではホテルが建てられていて、敷地内の資料館では為朝ゆかりの品々を見ることができる。

■伊豆大島は日本から独立した？

また、戦後の伊豆大島では、当時の日本の混乱ぶりを象徴するような出来事が起きている。話は日本が終戦を迎えた翌年の１９４６（昭和21）年1月にさかのぼる。

当時の日本を統治していた連合国軍総司令部（ＧＨＱ）から日本政府に対してある文書が送られている。その中身は驚くべきものだった。

戦後の日本の行く末を定めた「ポツダム宣言」の内容を受けたこの文書は、冷酷にも戦後の日本の領域がどこまでか、そしてどこからが領域外なのかを定めたものであった。

この中で、伊豆諸島や小笠原諸島、沖縄、奄美大島といった島々は日本の行政権が及ばない場所として名指しされていたのである。

当時はすでに東京都に属していた伊豆大島だったが、この書面が出された1月29日から、島は東京どころか日本からも事実上切り離されてしまったのだ。

「大島はこれからどうなっていくのだろうか……」と、島に動揺が走ったのはいうまでもない。ところが、さらに驚かされるのはこのあと島民たちがとった行動だった。

政府が守ってくれないなら、島に残された道は独立しかない。立ち上がった島民たちは、この未曽有の事態を自らの手で乗り切るために、伊豆大島独自の平和憲法を制定しようと考えたのである。

大島の町役場には今でも手書きの「大島憲章」の草案が残されている。その内容はおよそ素人が集まって作成したものとは思えない、三権分立を意識したみごとなものだ。とはいえ、この大島憲章は実際に施行されることはなく、間もなく島の混乱も沈静化している。

なぜなら、日本政府と東京都の働きかけによって、伊豆大島を含む伊豆諸島は日本に復帰することになったからだ。島の独立を示唆した文書が出されてから53日ぶりのことだったという。

東京都

八丈島

関ヶ原の戦いに敗れて流された悲運の武将の「その後」

■最期まで忠義を尽くした大名

歴史をひも解くと、かつて流刑地として利用されていたという話を耳にする離島がある。四方を荒れ狂う海に閉ざされた島は、逃げ出すこともままならないまさに天然の牢獄だったからだ。

東京のはるか南の海上に浮かぶ八丈島も、江戸時代には流人の島として罪人から恐れられていた場所のひとつだ。温暖な気候から「常春の島」と呼ばれている今の八丈島からはおよそ想像できないことである。

羽田空港からの直行便で南下すること約50分で、眼下の太平洋上にひょうたんのような形をした島が姿を現す。1日1往復の大型客船を利用すれば、12時間ののんびりとした船旅を楽しむこともできる。

島の独特なシルエットは、八丈富士と呼ばれる西山と三原山こと東山の2つの火山が連なっているためだ。

現在、8000人ほどが暮らすこの島に、初めての流人が送られたのは1606(慶長《けいちょう》11)年、「関ヶ原の戦い」の直後のことだ。

島に流されてきたのは、豊臣秀吉に仕えた宇喜田秀家《うきたひでいえ》という武将だった。宇喜田は秀吉の養女である豪姫《ごうひめ》の夫で、五大老の1人として長年豊臣家を盛り立てると、関ヶ原では西軍の副将として暴れまわっている。裏切りが多かった西軍にあって、彼は最後まで豊臣家に忠義を尽くしたのである。

そして、敗れた西軍の武将が次々と切腹を言い渡されるなか、妻の豪姫が徳川方についた前田家の出身だったこともあり、宇喜田はどうにか処刑だけは免れて流罪に処されることになった。

備前(現在の岡山県)で57万石を誇った大大名が、当時はまだ名も知られていなかった離れ小島に流されたのだから、どれほど無念だっただろうか。彼は八丈島で50年以上暮らしたのち、83年の生涯を閉じている。

ちなみに、1997(平成9)年には岡山城の開城500年を記念して、八丈島に秀家と豪姫の石像が設置されている。仲良く並んで建てられた2人の石像は、かつての領地だった岡山の方を向いているという。

■独自の生態系を持つ島

ところで、外界から隔絶されてきた離島では、独自の生態系が保たれたり、進化を遂げるケースが少なくない。

暖流である黒潮の影響から高温多湿で、冬でも気温は5度を下回ることはない八丈島だが、その一方で雨の多い地域としても知られている。

年間降水量は3000ミリメートルと、東京の2倍もの雨量があるためときおり摩訶不思議な生物が見つかるものだが、「光るキノコ」もそのひとつといえるだろう。

「発光キノコ」とも呼ばれる光るキノコは世界に50種類ほど存在しているが、光を発するメカニズムは明らかにされていない。この謎のキノコが、じつは八丈島では9種類以上も確認されているのだ。

暗闇に、まるで夜行性塗料でも塗ったように黄緑色に光る姿は息をのむ美しさだ。無数に発生して光を発するその様子がまるで星空のようだということで「ギンガタケ」と呼ばれているものもある。とくに多くの光るキノコが見られる5〜9月上旬にはガイド付きの観察ツアーも組まれているので、その不思議な光を自身の目で確かめに島に足を運んでみるといいだろう。

神奈川県

猿島

ペリーが上陸した島に立入禁止の要塞がつくられた経緯

■ペリーも上陸した島

気軽に釣りやバーベキューを楽しめる場所として、またテレビドラマや映画のロケ地としても人気が高いのが東京湾に浮かぶ唯一の無人島、猿島《さるしま》だ。

神奈川県横須賀市にあるこの猿島は、最寄りとなる京浜急行「横須賀中央駅」から徒歩と船で30分もあれば上陸できる。

島にはバーベキュー用の道具を貸し出す施設があるので、週末ともなれば自前の食材を持ち込む多くのグループが集い、思い思いにバーベキューを楽しんでいる。無人島とはいえ、気軽に遊びに行ける公園のような場所なのだ。

1周してもわずか1・6キロメートルほどの小さな島だが、ところがほんの60年ほど前までは一般の人が渡ることは厳しく禁じられていた。

なぜなら、この島には首都防衛のための要塞が築かれていたからだ。

江戸末期にペリー提督一行が上陸して「ペリー・アイランド」と名づけたという歴史もあるが、本格的に軍事目的で利用されはじめたのは明治に入ってからのことだ。東京湾の守りを固めるために軍は島に砲台と要塞を設けたのである。

地元にはこのとき、島にあった春日神社をわざわざ三浦半島に移設したという話が残されている。

砲台には敵国の軍艦を迎撃するためにフランスから輸入した近代的な大砲を配備したというから、当時この島が軍事拠点としてどれだけ重要視されていたかがうかがえる。しかし、猿島の砲台は実戦で使われることはなかった。

その後80年近くの間、島は民間人が立ち入ることができない要塞になってしまったのだ。今でも、島ではレンガ造りのトンネルなど当時の遺構を見ることができる。

ところが、平成の世を迎えた猿島はといえば、今や多くのレジャー客が訪れる人気スポットで、地ビールや焼酎、Tシャツといったお土産まで登場している。

■猿島という名前の由来は？

ところで、島には動物園や猿山があるわけではないのだが、なぜ猿島と呼ばれているのだろうか。話は13世紀半ば、北条氏が執権となって鎌倉幕府の実権を握っていた頃にさかのぼる。

当時、法華経を広めるために鎌倉を目指していた日蓮の乗った船が、嵐に遭ってこの小島に流れ着いた。すると、島のどこからともなく白い猿が現れて、一行に陸地のある方角を教えたのだ。それ以来、この島は人々から猿島と呼ばれるようになったといわれている。

この伝説にはさらに続きがある。一行は陸地の方角はわかったものの、浅瀬のために船を進めることはできなかった。

そこで、地元の若者が日蓮を背負って海を渡ったのだが、渡り切った若者の足からは血が流れている。海を歩いているうちにサザエを踏みつけて足を切ってしまったのだ。

これを聞いた日蓮がお祈りをすると出血は止まり、そればかりか近くの海にいたサザエの角という角がきれいになくなってしまった。それ以来、この辺りで獲れるサザエには角がないといわれている。

無人島とはいえ、猿島はバーベキューから史跡めぐり、日蓮上人の伝説までさまざまな魅力にあふれている。一度足を運んでみたいものだ。

香川県

小豆島

なぜ豊臣秀吉は小豆島の巨石に目をつけたのか

■小豆島が「石の島」と呼ばれる理由

瀬戸内海に浮かぶ小豆島《しょうどしま》は、醤油やオリーブ、手延べそうめんの産地として、また映画にもなった壺井栄の小説『二十四の瞳』の舞台としても知られている。島の面積は１７０平方キロメートルで、瀬戸内海の島の中では淡路島に次いで2番目の大きさである。

岡山や香川からフェリーに乗って1時間ほどで行くことができて、温暖な気候もあって四季を通じて多くの観光客が訪れている。

ところで、小豆島は古くから「石の島」という名で呼ばれていることはあまり知られていない。

現在も採石業が島の主要な産業のひとつであるように、島は古くから良質な花崗岩《かこうがん》の産地だった。

じつは、この島は海底にあったマグマが長い時間をかけて冷えて固まり、それが地殻変動によって海上に顔を出したものだ。そのために地質のほとんどがこの花崗岩でできているのだ。

花崗岩は石材としては御影石と呼ばれるもので、光沢があって見栄えがするうえに加工もしやすいことから重宝されてきた。

墓石や石碑をはじめさまざまな建築物に使われていて、日本各地の山に設置されている「三角点」もこの花崗岩でできている。

その石に今から500年以上前に目をつけて、城造りの材料に用いた武将がいる。戦国乱世を駆け上がって天下の覇者となった豊臣秀吉である。

■大坂城の築城に使われた巨石

天下統一を果たした秀吉は、1583（天正《てんしょう》11）年、織田信長と10年以上も抗争を繰り広げた石山本願寺の跡地に巨大な大坂城を築く。

外観が5層からなる大坂城は、すべてにおいて亡き信長の安土城を超える空前のスケールを誇り、巨大な天守や金銀をふんだんに使った内装で当時の人々の度胆を抜いた。

秀吉の強大な権力の象徴だったこの城の完成には、大金とともに15年の歳月がかけられたほどだ。

このとき、城の石垣の材料として小豆島からも花崗岩が切り出されている。小豆島での採石は、虎退治の伝説でおなじみの加藤清正《かとうきよまさ》をはじめとする武将が担当したといわれている。

また、歴史に詳しい人なら、現在目にすることができる大阪城の巨大な石垣は秀吉の時代に築かれたものではないことをご存じかもしれない。

1615（慶長20）年の「大坂夏の陣」で豊臣家の滅亡とともに廃墟同然となった大坂城は、その後徳川2代将軍の秀忠、さらに3代将軍家光によって再建されたものなのだ。

ちなみに、この大工事は主に西国の大名に命じられたが、そこには有力な大名たちの財力を消耗させようとした徳川家の思惑があったといわれている。

この再建工事にあたって石垣をかつての2倍の高さにすることが命じられたのだが、このときにも小豆島の石が使われている。

島から切り出された巨石が瀬戸内の海を次々と運ばれていく様子はさぞ壮観だったにちがいない。

島には当時の石切り場の跡があるが、そこには切り出されたものの積み出されずに島に残った大小さまざまな石が残されている。

島の人々はこれを「残石」とか「残念石」と呼び、石切り場の周辺は「大坂城残石記念公園」として整備されて島の見どころのひとつになっている。

海岸に積み残された巨大な石が一様に大阪城のほうを向いて並んでいるその迫力ある姿は人気の撮影スポットだ。併設された資料館では当時の石切りの様子や、筏《いかだ》で巨大な石を運んだ方法などが再現されていたり、古文書や実際に使われた道具などを見ることができる。

また、かつての石切り場では、一度に8名もの職人が下敷きになって命を落としたという伝説の巨石「八人石」や、高さが10メートルにもなる「天狗岩」など、石工たちのノミの跡さえ生々しい巨石の数々を見ることができる。

小豆島は城好きも満足できる穴場なのである。

山口県

青海島

世にも珍しい「鯨墓」に刻まれた島の歴史とは？

■島を取り囲む奇岩群

縄文時代の遺跡から鯨の骨が見つかっているように、日本人と鯨のつき合いははるか昔の紀元前から続いている。

江戸時代になると日本各地で捕鯨が盛んに行われるようになり、その地方ごとに独特の捕鯨の方法が発展していったのである。

「鯨一匹捕れば七浦《ななうら》うるおう」といわれたように、当時の人々にとって巨大な鯨を捕らえることは莫大な収入を約束するものだった。

山口県の日本海側に浮かぶ青海島《おおみじま》も、そんな捕鯨の文化が色濃く残る場所だ。さらにこの島には、人々と鯨のつながりの深さが感じられる全国的にも珍しいものが残されている。

山口県北西部の長門市にあるこの島は、北長門《きたながと》海岸《かいがん》国定公園の中心に位置する中国地方でも有数の景勝地だ。

40キロメートルほどある島の周囲はあちこちが日本海の荒波によって削られ、切り立った崖や海中洞窟、また海からそそり立つ石柱など迫力ある自然の造形美を見ることができる。

自然が創り上げた芸術的ともいえる海岸線は「海上アルプス」と称されていて、国の天然記念物に指定されているほどだ。

入り口の高さが30メートルにもなる2つの巨大な洞窟が並ぶ夫婦洞や、お坊さまが座って手を合わせているように見える仏岩《ほとけいわ》など、島の雄大な自然美を海上から眺める観光船が青海島観光の目玉になっていて、その美しさに乗客たちは夢中でシャッターを切り続ける。

島にはキャンプ場や海水浴場もあり、地元では有数のダイビングスポットとしても知られている。夏のレジャーシーズンともなれば、本州側の仙崎《せんざき》市街と島を結ぶ青海大橋を渡って多くの人が訪れる。

そんな青海島では、いたる所で鯨をモチーフにした案内板や石像などを目にすることができる。「くじら資料館」まで建てられているように、この青海島はまさに〝鯨の島〟なのである。

■金子みすゞの詩にも詠まれた鯨の島

そんな島に残されているのが、鯨の胎児が眠っているという「鯨墓《くじらはか》」だ。

青海島は漁業が盛んで、とくに島の東部にある周囲15キロメートルほどの通浦《かよいうら》はかつて捕鯨基地として賑わっていた。長門市出身の詩人、金子みすゞの詩にも捕鯨や鯨が登場している。

島では、男たちが船に乗って沿岸を回遊する鯨を網に追い込み、モリで突く「網取捕鯨」が主流だった。

鯨は頭から尾、皮まで捨てる部位がないことから、最盛期には1頭で数千万円の値がついたといわれている。島の人々にとって鯨は欠かせない存在だったのだ。

そんな鯨への感謝の思いを込めて、島の人々は捕らえた母鯨の腹の中にいた胎児を手厚く葬ったのだろう。通浦の近くには、「南無阿弥陀仏」という文字が刻まれた鯨墓が残されている。この墓の下には、今でも70頭以上ともいわれる鯨の胎児が眠っているのだ。

かつて捕鯨基地として栄えた土地には鯨の慰霊碑が立てられていることは多いが、墓をつくってその亡骸を葬ったという例は全国的にも例を見ない。

この鯨墓ばかりか、今も島で歌い継がれている「通鯨唄《かよいくじらうた》」は、大漁を祝うとともに、鯨に対する恩恵と哀悼の意を込めたものだ。

この歌は、現在でも郷土の文化を伝える貴重なものとして島の小学校や中学校で子どもたちに伝えられている。

島では今でも毎年4月の終わり頃になると、鯨を供養するための「鯨回向《くじらえこう》」が開かれる。このときにも通鯨唄が奉納されていて、住職による読経や参列者の焼香も行われている。

さらに、通地区で毎年7月に行われる「通くじら祭り」では、江戸時代の捕鯨の様子が再現されている。

赤ふんどし姿の男たちが船に乗りこみ、海上に現れる巨大な鯨の模型を相手にモリを突き刺す様子は迫力満点だ。

ときには恐れ、ときには敬いながら巨大な鯨とともに生きてきた青海島の人々の鯨への思いは、こうして今でも島のあちこちで感じることができるのだ。

長崎県

端島

威容を誇る軍艦島の知られざるルーツとは？

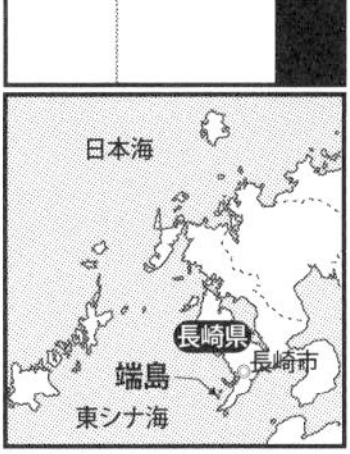

■上陸者数は累計80万人を突破

長崎県にある多くの島の中でもここ最近、とくに有名なのが軍艦島《ぐんかんじま》だ。２０１５（平成27）年に「明治日本の産業革命遺産」のひとつとして、世界文化遺産に登録された。正式名を「端島《はしま》」という。

しかし、海に浮かぶ姿が軍艦のように見えることからいつしか軍艦島と呼ばれるようになり、今ではこちらのほうがよく知られた名前になっている。

この島は、長崎市の沖合約18・５キロに浮かぶ周囲わずか１・２キロメートルの小島で、東京ドームの約１・３倍の大きさだ。もともとは一岩礁にすぎなかったところを沿岸を埋め立てて拡張された人工島である。

かつては海底炭田の採掘地として栄華を極め、一時は世界一の人口密度を誇り、最先端の文化が取り入れられた華やかな街を築いていた。

しかし、今では風雨にさらされ、薄汚れて傷だらけになったコンクリートの建物群だけが朽ち果てた亡霊のように建っている。

なぜなら、島は1974(昭和49)年に炭鉱が閉山され、全島民が島を出ていって以来、上陸禁止になり、以後無人島として35年もの間、手つかずの状態になっていたからだ。

そんな廃墟の島に、いつの頃からか無断で上陸する輩が現れるようになった。そして軍艦島の存在が静かに知れわたるところとなると、どこからか湧いてきた廃墟ブームも手伝って、あっという間に廃墟ファンが憧れる人気の場所になったのである。

そして、ついに2009(平成21)年4月に上陸が解禁になると、マスコミで大きく取り上げられ、廃墟ファンならずとも一度は見てみたい場所として一躍人気の観光スポットになったのである。

軍艦島ツアーは連日予約でいっぱいで、初年度の上陸者数は6万人とも7万人ともいわれている。

最近は、修学旅行生も訪れ、地元では軍艦島のグッズやポスターも販売されているというから変われば変わるものである。ある意味では、再び栄華の時代が訪れたといえるのかもしれない。

■日本初の鉄筋住宅群

島は、それまでの所有者だった三菱が2001（平成13）年に高島町（現在は長崎市）に無償譲渡したことを機に行政の手に渡り、解禁の運びとなった。

解禁にあたっては約1億5000万円が投じられ、観光船が留められる桟橋と、島の南側に長さ約230メートルの見学用通路が造られた。しかし、見学通路以外は立入禁止エリアとなっており、廃墟ファンの間では物足りないとの声もある。

もちろん、むやみに立ち入るのは危険だからそうなっているのだが、そんな危険な建物をそのまま残しているのは、それらが当時の建物としては画期的で、日本近代建築史上特筆するに値する文化的な遺構だからだ。

なぜなら、この廃墟群は、日本初の鉄筋コンクリート造高層集合住宅であり、現在の団地やマンションの原型なのである。まだ木造長屋づくりが全盛だった大正時代の1916（大正5）年に、軍艦島では鉄筋コンクリート住宅が建ち並びはじめていたのだ。

さらに、娯楽施設や学校、病院も充実しており、完結したひとつの都市を創っていた。そして、そこには炭鉱で働く人とその家族が生活をし、最盛期の1955（昭和

30）年頃には島民が5300人を超えていたのである。ちなみに、これは当時の東京の9～10倍の人口密度だ。

それだけ石炭が脚光を浴びた時代で、炭鉱は国を挙げての大事業だったのである。軍艦島は、直下垂直1000メートルを超える深海底に数平方キロメートルの広大な鉱区を抱え、活気に満ちていた。だが、昭和30年代の後半に政府によって石炭から石油へのエネルギー転換政策が打ち出されると、炭鉱という炭鉱は急激に衰退していく。

その経緯は、大量生産、大量消費を基本とした高度経済成長時代の日本そのものだ。だから軍艦島は「日本の縮図」とも呼ばれているのである。

そんな哀れな日本の縮図がいつまでも更地にならないのは、貴重な建築物を残すとともに、自らの歩みを忘れない意味でもこの島を確実に保存しなければならないと、NPOなどが立ち上がり活動しているからである。

そして、平成の今、またエネルギー政策が大きく変化しようとしている。

石炭は地球温暖化の原因といわれる温室効果ガスを発生することで敬遠されているが、原子力に頼れなくなった今、日本は世界でもトップクラスの石炭輸入国なのだ。「黒いダイヤ」といわれた石炭に湧いた軍艦島はその朽ちた姿で何を思うだろうか。

沖縄県

石垣島

島に伝わる大津波の傷跡と「アカハチ伝説」

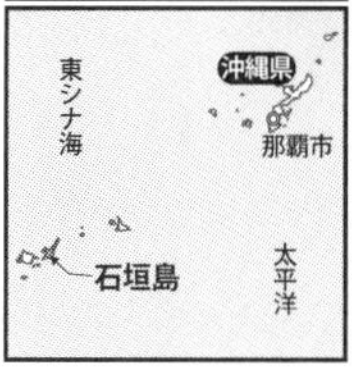

■墓から持ち去られた津波犠牲者の骨

２０１１（平成23）年３月11日、東北地方の太平洋岸は国内観測史上最大となるマグニチュード９・０という未曾有の大地震に見舞われ、多くの犠牲者を出した。

その尊い命の大半を奪っていったのは地震によって引き起こされた津波で、高さは最大で岩手県宮古市の37・９メートルだったことがわかっている。

地震大国であり、四方を海に囲まれた島国である日本は昔から津波の被害が絶えなかったが、ここ石垣島《いしがきじま》もまた、その自然の脅威にさらされた島のひとつである。

石垣島は沖縄本島から４１１キロメートル離れた八重山諸島の主島である。面積は２２３平方キロメートルで、およそ４万８０００人の島民が暮らしている。

悲劇が起こったのは１７７１（明和《めいわ》８）年４月24日のことだ。

石垣島の東海岸を高さ90メートル近くというまるで高層ビルのような津波が襲い、

八重山地方全体で9313人、うち石垣島では当時の島の人口の約半数にあたる8439人もの命が奪われたのだ。この大惨事が後世にも語り継がれた「明和の大津波」である。

最近の調査によれば、このとき琉球海域で起きた地震はマグニチュード8・0で、それにより引き起こされた津波は発生からわずか7～8分で島に到達したことが判明している。

もっとも大きな被害を出した地域のひとつが、アオサンゴの群落で知られる白保《しらほ》海岸で、そこにあった村は全壊した。1500人いた住人のうち生存者はたった28人だというから、その凄まじさがうかがい知れるだろう。

この大津波で亡くなった人々の骨は近くの洞窟に埋められ「千人墓」として供養された。

しかし、のちの太平洋戦争で島が旧日本軍の拠点になると骨は運び出され、洞窟は防空壕にされてしまったのである。

戦後、骨は洞窟に戻されたが、あるとき何者かによって再び掘り起こされ、トラックでどこかへ運び去られてしまったと伝えられている。

現在、その場所には自然壕だけが残っており、誰が何のために骨を持ち出したのか、骨がどこにあるのかは今も明らかにはなっていないのだ。

石垣島の大浜集落には、明和の大津波で陸に打ち上げられたと伝えられる「津波大石《つなみうふいし》」が残されている。それは高さは約5メートル、重さは700トン以上にもなるという巨石だ。

島の人々にとって、この史上まれにみる巨大津波は今も苦い記憶として心に刻みこまれているのである。

■伝説の英雄オヤケアカハチとは

ところで、石垣島には昔からこんな物語が伝わっている。1500年頃のこと、ひとりの青年が波照間島から船で大浜《おおはま》村に辿り着いた。赤い髪と大きな体を持つ男で、名前をオヤケアカハチホンガワラ（遠弥計赤蜂堀瓦）という。

どこか異国の人間のような風体だったが、豪傑で志が高く、すぐに大浜村のリーダー的存在になり村民からも慕われた。

オヤケは「大首長」、アカハチは「赤い髪でクマンバチのように強い」ことを表し、ホンガワラは「人の上に立つ」という意味を持っていた。

アカハチはやがて石垣島の有力豪族である長田大翁王の妹と結婚をする。ところが、村民の支持を得て勢力を拡大するアカハチは、八重山の覇権争いのなかで疎まれる存在になっていくのだ。

そこで、アカハチが宮古島の有力豪族と対立していたことを口実に、琉球王府は兵を挙げてアカハチ討伐に乗り出す。宮古島の勢力も加勢して兵は最終的に3000にまで膨れ上がり、激闘の末にアカハチは殺されてしまったのだった。

農民の解放を目指していたアカハチは郷土の英雄として祀られ、今も大浜集落にはアカハチの像があり、春にはそれにちなんだ祭りも行われている。

■異教徒か、はたまた韓国の英雄か

しかし、この「オヤケアカハチの乱」にはいくつかの謎が残る。

まず、アカハチが琉球王府に目をつけられた理由だ。王府側は貢物を無視するなどしたアカハチの反逆行為が理由だとしているが、のちの記録では「アカハチが異教徒だったため」とされている。

というのも、アカハチは「イリキヤアマリ」という神を信仰していた。イリキヤアマリは八重山地方が開かれた際の最初の神だとされているが、その詳細はわかっていない。

王府はこの実態のない神を信仰することを禁じていたため、アカハチを異教徒とみなしたというのである。

また、アカハチの出自についてだが、同時期に韓国に実在した洪吉童《ホン・ギルドン》と同一人物であるという説もある。

洪吉童もまた朝鮮半島では圧政に苦しむ庶民を救済するヒーローとして語り継がれてきた人物だ。破天荒な人物像がアカハチと重なるせいか、この両者を同一視する説は根強い。

いずれにせよ真実を解き明かすのは難しいが、わかっているのはこの乱をきっかけに石垣島を含む八重山地方が琉球王府の支配下に入ったということである。

そういう意味では、アカハチの存在が石垣島の歴史において重要な意味を持っているのは間違いない。

大浜地区には「フルスト原遺跡」と名づけられた城跡があり、ここがアカハチの居城だったとされている。

しかし現在、すぐ南には空港がつくられており、その静かな遺跡の佇まいは頻繁に離着陸を繰り返す飛行機の轟音に包まれている。

イギリス領

フォークランド諸島

なぜイギリスは遠く離れたこの地にこだわるのか

■本国から遥かかなたにあるイギリス領

アルゼンチンは南米大陸の大西洋側の最南端にある世界で8番目に大きな国だ。太平洋側には細長くチリが広がっているとはいえ、アルゼンチンの領土は大陸南部の大半を占めている。

南北の長さが３８００キロもあり、ひとつの国の中に亜熱帯性気候から寒冷気候までが存在するのだ。

日本との時差は12時間。ちょうど地球の反対側に位置しており、日本からはもっとも遠い国だといえる。

官能的なタンゴ、良質のワイン、おいしい牛肉などさまざまな魅力があるが、なかでもサッカーの強豪国として知られている。ワールドカップの常連で、マラドーナやメッシといった世界的な名選手を生み出してきた。

このアルゼンチンの最南部から東へさらに約５００キロほどの大西洋上にある島が、フォークランド諸島だ。もっともこれは英語名で、アルゼンチンでは「マルビナス諸島」と呼ばれている。

総面積は1万２０００平方キロメートルで、一番多く生息している動物はペンギンだ。このペンギンや放牧している羊に比べると、人間の数はずっと少ない。

このあたりは寒帯に属しており、６月半ばから11月の初めまでは雪と氷に覆われてしまうという。

天候に恵まれていないために木々もあまり育たず、アルゼンチン北部のジャングルとは景観も気候も大違いである。

ところが、これだけ近距離にあっても、フォークランド諸島はアルゼンチンの領土ではない。

なんと約1万５０００キロも離れたイギリス領の島なのだ。この複雑な事情がフォークランド諸島を紛争の舞台にしたことがある。

１９８２年4月、フォークランド諸島の名がトップニュースとして世界に流れた。アルゼンチンとイギリスが、この島で大規模な戦闘を起こしたのである。原因はフォークランド諸島の領有権にあった。

■長年にわたって続いていた対立

最初に仕掛けたのはアルゼンチンだ。アルゼンチン軍がフォークランド諸島に上陸し、たちまち制圧してしまう。

しかし、イギリスの対応も素早かった。大規模な艦隊を派遣して反撃を開始すると、およそ2カ月後にはアルゼンチンを降伏させてしまった。

フォークランド紛争は、両国ともに数百人規模の死傷者を出すという悲惨な結果をもたらしたのである。

じつはフォークランド諸島の領有をめぐって、アルゼンチンとイギリスは150年以上にわたって争ってきた経緯がある。

そもそもフォークランド諸島は16世紀以来、スペイン、フランス、イギリスといったヨーロッパ列強のターゲットになってきた。アルゼンチンがスペインから独立を果たしたあとは、ここにいたスペイン人を追い出したものの、ほとんど住む人はいなかったと伝えられる。

そんなフォークランド諸島をイギリスが占拠したのは1833年のことだ。そこからイギリスとアルゼンチンがともに領有権を主張し続けてきたのである。

だが、たしかに交渉は遅々として進んでいなかったとはいえ、この時期に戦闘が行われたのには理由がある。

アルゼンチンでは経済状態の悪化や失業率の増加などから、政権への不信感が高まっていた。

そこで大統領はフォークランド諸島奪還という強硬手段に打って出て、国民のナショナリズムを高揚させることで、政治への不満をかわそうとしたわけである。

対するイギリスも似たような事情を抱えていたと見られている。経済活動が低迷し、当時のサッチャー首相の人気にも陰りが見えていたため、断固として島を奪回するという目標を掲げ、国民の目を国外に向けさせたのだ。

島にはイギリス系の住民が多く、大方はイギリス支持を表明していたが、実際に戦場となるのは自分たちが住んでいる土地だ。島での戦闘は避けてほしいというのが本音だったという。

こんな政治的思惑に翻弄《ほんろう》されたフォークランド諸島の人々こそ、一番の被害者だったといえる。

ポルトガル

アゾーレス諸島

幻のアトランティスは本当に存在したか

■歴史が始まる以前の謎

ポルトガルの本土から西へ1400〜1800キロほどの大西洋上に浮かぶ島々がアゾーレス諸島だ。もっとも、英語のアゾレス諸島という名前のほうがなじみ深いかもしれない。

アゾーレス諸島は全部で9つの島からなっているが、それらの総面積を合わせても沖縄よりやや大きい程度である。ここは日本と同じように多数の火山が存在する群島で、これまでにもたびたび地震による被害に見舞われてきた。

この諸島の経済的・文化的な中心はもっとも大きなサン・ミゲル島だ。リスボンからは飛行機で2時間ほどの距離にある。

島の西方には青の湖と緑の湖と呼ばれる、異なる水の色をした2つの湖が並んでおり、地元では恋仲を裂かれた王女と羊飼いの涙がこの湖をつくったという物語が語り継がれている。

このように自然も豊かなアソーレス諸島が発見されたのは、大航海時代の1427〜1452年にかけてのことである。当時は無人島だったものの、その後、航路上の要衝《ようしょう》にあった島々に人々が移り住み、航海の重要拠点として発展していった。

こうしてアソーレス諸島の歴史は15世紀以降に始まるのだが、この地域は謎や不思議を好む人々のロマンをかき立てるもうひとつの顔を持っている。

じつは、ポルトガル人に発見されるよりはるか太古の昔、海に沈んだとされるアトランティス大陸がここに存在していたという説があり、アソーレス諸島はその名残だというのである。

■アトランティス大陸だった証拠？

ご存じのように、アトランティスは今から1万年以上も前に存在したと伝えられている伝説の大陸だ。高度な文明を持ち、繁栄を謳歌《おうか》していたものの、大地震と洪水によって一夜にして海の底に沈んでしまったという。

謎に満ちたアトランティスの存在を最初に世に広めたのは、ギリシャの哲学者プラトンである。彼の著書『ティマイオス』と『クリティアス』の中に、彼の祖父が伝え聞いた話として登場するのだ。

これを端緒《たんしょ》として、アトランティスは実在したのか、はたまた架空の物語なのか、実在したのならその場所はどこだったのかという論争が紀元前から現代に至るまで続いているのである。

ひと口にアトランティス実在説といっても、その候補地はさまざまだ。アメリカ大陸、カナリア諸島、ビミニ沖、エーゲ海、リビアなどなど、それぞれの研究者が独自の仮説を展開している。

なかでもカリブ海のビミニ沖で見つかった海底道路は、古代人が建設した神殿跡ではないかとセンセーションを巻き起こした。しかし、のちの調査によれば自然の堆積物による造形だという見方が強まっている。

そして、こうした候補地のひとつにアソーレス諸島も挙げられた。この説は17世紀に発表され、一時はかなり有力視されていたのである。その根拠となったのは伝説の発信者であるプラトンの記述だった。

プラトンは「ヘラクレスの柱と呼ばれる海峡の先にアトランティスがある」と記している。ヘラクレスの柱とは古代ではジブラルタル海峡のことを指しており、その先ということは大西洋を意味すると解釈できるのだ。

この位置関係からアタナシウス・キルヒャーはアソーレス諸島をアトランティス大陸の山頂部分だと主張し、詳細な地図まで作成した。ただ、彼の地図は左右が逆になっており、その意味はいまだに不明である。

また、19世紀に入ってから大西洋を南北に走る大西洋中央海嶺が発見されている。海底の大山脈ともいうべき大きな海嶺で、東側には多数の断層があり、断層に沿った形で島々が形成されているのだ。

キルヒャー説を支持するアメリカ人研究者のイグネーシアス・ドネリーも、ここから隆起したアソーレス諸島こそが沈んだアトランティスの先端だと唱えた。

そして、海嶺付近の海底から採取された特殊な溶岩を研究して仮説を立てたのが、地質学者のピエール・テルミエだ。

テルミエによれば、岩に含まれる成分は水圧の高い海底では結晶化してしまい、このような溶岩の形にはならないという。そのため地上で冷却されて固まってから海に沈んだものと推定した。

つまり、かつてアソーレス諸島から北側へと溶岩で覆われた巨大な陸地が広がっており、それが海底に沈んだのである。陥没した時代によっては人類がそれを目にした可能性もあるとテルミエは考えたのだ。

■空想をかき立てられる島

このように、何世紀も前から何人もの研究者が「アソーレス諸島＝アトランティス」説を唱えてきた。仮説を見れば、今もかなり可能性が高いように感じられる。

だが残念なことに、その後の科学の進歩によって次々と新事実が明らかになり、この説はだいぶ旗色が悪くなっている。

地球科学者たちの大半は、アソーレス諸島付近に大陸が存在した痕跡がないとみている。

たしかに、海底には険しい凹凸が認められるものの、アトランティスの残骸というほどには年代が古くないらしいのだ。とはいえ、アトランティスの謎はまだ解明されていない。

考古学者、歴史学者、神話学者、地球物理学者といった各分野の専門家から、オカルティックなアマチュアまで、多種多様な人々がアトランティスの真相にたどり着こうと研究を続けている。

そして、海の底に伝説のアトランティス大陸が眠っている。しかも、その一部は今もアソーレス諸島として残っている、と想像してみるのもまた楽しいことである。

セネガル

ゴレ島

「奴隷の館」で繰り広げられた悲劇の記憶

■美しい海に浮かぶ保養地

セネガルはアフリカ大陸の西の端、サハラ砂漠の南西部にある国だ。

そして、セネガルの首都ダカールの港から船でわずか20～30分ほどの沖合にぽつんと浮かぶ、岩礁でできた島がゴレ島である。

世界遺産として有名で、徒歩でも1時間もあれば1周できてしまうくらい小さな島だが、同国屈指《くっし》の保養地として知られている。

ところで、今は静かなたたずまいを見せているものの、大航海時代のゴレ島は悲しく過酷な運命を強いられていた。

17～19世紀のおよそ300年にわたって、セネガル各地から集められた人々が奴隷としてここから送り出されていったのだ。

つまり、奴隷貿易の拠点という機能を担わされていたわけである。

■多くの奴隷が収容されていた過去

ゴレ島を最初に占拠したのはオランダだ。この地に築いた要塞をゴエーデ・レーデと名づけ、それがゴレ島という名前の元になった。やがて17世紀に入るとフランスがセネガルに進出し、ゴレ島もフランスの支配下に置かれることになる。

じつは、ヨーロッパ人が進出してくる以前からアフリカには奴隷制度があった。ただ、それは戦闘に負けて捕らえられたり、生活苦のために自ら志願して奴隷になるというものだった。

むろん、主人に仕えて労働はしなければならないとはいえ、当時の奴隷はそれほど悲惨な生活は送っていなかったという。

ところが、ヨーロッパ人の奴隷に対する考え方はまったく違っていた。彼らはさまざまな物資と引き換えに買いつけた現地人を南北アメリカ大陸などに運び、有無をいわさず強制労働につかせたのである。ヨーロッパ人にとって、奴隷はあくまでも商品のひとつにすぎなかったのだ。

奴隷貿易の拠点となったゴレ島には、年間に数百人もの奴隷が収容されたが、その数が1000人を超えることもあったと伝えられている。

島を訪れた人が必ずといっていいほど立ち寄る「奴隷の館」(写真)はその美しい外

観とは裏腹に、出港を待つ奴隷が押し込められていた場所だ。

邸内には「男性」「女性」「子ども」と記された部屋がある。性別や年齢によって奴隷を分類・管理し、体力のある者だけが売られていった。

また、ゴレ島はほとんど岩でできているために島内に墓を掘ることができない。したがって島を出る前に亡くなった奴隷は、そのまま海に投げ捨てられた。そのせいか、この時代のゴレ島近海にはサメが多かったという話も残っている。

ただ、奴隷の館のガイドもここで奴隷の選別が行われたと説明するが、じつはこの邸宅はフランス人と現地女性の間に生まれた、シニャールと呼ばれる混血女性の家だ。フランス人とのつながりを持っていたシニャールのなかには、奴隷を使えるほど裕福な暮らしを送っている者がおり、この邸宅の持ち主もそんなひとりだったらしい。実際にはここに出港を待つ奴隷が収容されていたことはないようだ。

しかし、ゴレ島が奴隷貿易の拠点だった事実は曲げようがなく、それがこうして語り継がれているのだろう。

島にひとつだけある浜辺では、観光客が無邪気にはしゃぐ姿が見られる。悲しみを背負った多くの人々が荷物のように船に積み込まれていった歴史は、すでに過去のものとなっている。

スペイン領

カナリア諸島

古代ローマ人が「犬の島」と名づけた理由

■大自然に囲まれた島々

カナリア諸島はスペインから南西へ約１１００キロメートル、アフリカ大陸の北西約１１５キロメートルの大西洋上にある。

アフリカのほうがずっと近いが、15世紀にスペインが進出して以来、ここはスペイン領だ。スペイン本土からは飛行機でおよそ２時間半程度の距離になる。

カナリア諸島は７つの有人島と６つの無人島で構成されており、有人島すべての面積を合わせるとだいたい宮城県ほどの大きさになる。

１年を通じて平均気温が20～25度という快適な気候で、「大西洋のハワイ」とも呼ばれている。

そのためリゾート地としてヨーロッパ人に人気が高く、避暑や避寒に訪れる観光客は年間で８００万人にものぼるという。

ところで、カナリア諸島という名前を聞いて真っ先にイメージするのは、小鳥のカナリアではないだろうか。

「カナリアがたくさん生息しているから、この名がついたに違いない」と考える人もいるだろう。たしかに、カナリア諸島は自然に満ちあふれた島々だ。

火山活動によって生まれた島なので、当然のことながら火山が多い。1730年から約100年にもわたって火山活動が続いたというカナリア諸島のサンサローテ島には、今も300以上のクレーターが残っているし、ラ・パルマ島では世界最大級のカルデラを見ることができる。

だが、同じように多数の火山を有する日本とは違って温泉はないらしい。

また、手つかずの自然や島特有の動植物にも恵まれている。

たとえば、世界遺産に指定されているラ・ゴメラ島のガラホイナ国立公園に広がるシルバー月桂樹の原生林の眺めは壮観だ。ここが秘境とされてきたのも不思議ではないだろう。

こうした珍しい自然を備えたカナリア諸島は、昔から「幸福の島」とも呼ばれてきた。

では、問題のカナリアはどうなのか。

ここに野生のカナリアがたくさん生息しているのは事実である。

しかし、それが島名の由来になったのかというと、そうではない。カナリアにはまったく別の意味が込められていたのだ。

■カナリアは鳥の名ではなかった

ヨーロッパの人々がこの地に進出してきたのは15世紀初頭である。その後、スペイン領となってからは、新大陸を目指す航海者たちの拠点となった。

ちなみに、アメリカに到達したあのコロンブスもここに給水や食料調達のため4回寄港している。

だが、カナリア諸島を発見したのはこの時代の人々ではない。すでにローマ時代からその存在は知られており、彼らは島へ渡っていたのだ。

古代ローマ人が上陸した頃にも鳥はいたものの、それ以上に彼らの目を引いたのが犬だった。大型の野犬がたくさん生息していたのである。

そのため、古代ローマ人はこの島に「インスラエ・カナリアエ」という名をつけた。インスラエは「島」、カナリアエは「犬」を意味するラテン語だ。つまり、当初の名前は「犬の島」だったわけである。

そのうちにカナリアエがなまってカナリアへと変化した。そして、島原産の鳥もカナリアと呼ばれるようになっていったのだ。鳥の名前よりも、島の名前のほうが先にあったというのが真相である。

カナリア諸島に生息する野生のカナリアは灰色や鶯《うぐいす》色という地味な色合いをしていて、ペットで飼われているカナリアとはだいぶ様子が違う。

美しい鳴き声が人々から愛されたカナリアは、観賞用に姿も美しく改良されたのである。

日本からははるか遠く離れた場所にあるカナリア諸島は、非常に遠い存在と感じられるだろうが、水産業に携わる人々にとっては意外と身近な存在だ。

ここからマグロ、タコ、イカが日本に輸出されており、グラン・カナリア島にあるラス・パルマス港は遠洋漁業の重要拠点となっている。

食卓に並ぶ海産物を眺めながら、常春の島に飛び交うカナリアへと思いをはせてみるのもおもしろいのではないだろうか。

イギリス

オークニー諸島

謎の古代遺跡「リング・オブ・ブロッガー」の全貌

■スコットランドとは違う雰囲気の街

イギリスはイングランド、ウェールズ、北アイルランド、スコットランドの４つの地域からなっている。もともと独立した国々が集まってできた連合国家で、現在でも地域ごとに独自の伝統や文化を色濃く残している。

これらの地域のうち、スコットランドはグレート・ブリテン島の北部に位置する。このスコットランド本土から北へ約10キロの海上に大小合わせて70もの島々が点在しているのが、オークニー諸島だ。

人が住んでいるのは16の島々で、最大の島はメインランド島である。ハイシーズンには多くの観光客も訪れるが、島々を観光する際に中心となるのがこの島だ。

ただし、スコットランドに含まれているとはいえ、オークニー諸島は本土とは少々異なった趣を持つ。

ここはもともとスコットランドが所有していた土地ではなく、15世紀にスコットランド王とデンマーク王女が結婚する際に、持参金がわりにデンマークから譲渡されたものなのである。ヴァイキングの影響も強く受けているオークニー諸島では北欧風の建物も多いのだ。

さて、スコットランドと聞いて酒好きが思い出すのは、なんといってもスコッチウイスキーである。

12～13世紀頃にはすでにその製法が伝えられていたとみられており、19世紀には一大産業へと発展した。

そのオークニー諸島は、ウイスキーとは切っても切れない深い縁がある。ここで製造されたシングルモルトは、世界最北のウイスキーとして知られているのだ。

■最北端の蒸留所は密造所の跡？

世界最北端の蒸留所があるのはメインランド島の高台だ。その名をハイランドパーク蒸留所という。

創業は1798年で、公認の蒸留所となったのは1825年だというからその歴史は古い。

長い年月を経る間にオーナーはたびたび変わったものの、1937年以降はハイランド・ディスティラー社が経営している。

この蒸留所が建てられている土地には、おもしろいエピソードが残されている。ここは、伝説の密造者と呼ばれているマグナス・ユウンソンという人物の密造所跡地だというのだ。

ユウンソンは昼は教会の長老、夜は酒の密造者という2つの顔を持っていた。なんと密造酒の隠し場所は説教壇の下だったというのである。

収税官たちも教会に踏み込むことはためらっていたのだが、ある日ついに大規模な捜索が行われることになった。

ところが、ユウンソンのほうが一枚上手だった。査察の情報が入るやいなや、酒樽を自宅へ持ち込んで白い布をかぶせ、天然痘《てんねんとう》で亡くなった患者の祭壇に偽装してしまい、自分はその足元で祈りを捧げていたのである。

恐ろしい伝染病で死亡した人間の葬儀となれば、収税官たちも長居をしたいはずがない。ユウンソンの知略に翻弄されて査察はみごとに失敗してしまったのである。

ユウンソンに限らず、かつてこのあたりには多くの密造所が存在していたと伝えられている。

ところで、ハイランドパークはその製法にも特徴がある。

まず、現在ではあまり見かけなくなってしまったフロアモルティングという伝統的な手法を守り続けている。

また、仕込みの水は近隣の硬水を使用し、麦芽を乾燥させる際に使うピート（泥《でい》炭《たん》）も土地のものを使っている。これが独特の風味を醸し出す要素になっているそうだ。

ウイスキーの聖地という一方で、オークニー諸島はまた古代遺跡の島としても知られている。

有史以前から人が住んでいたこの場所には、いくつもの遺跡が残っており世界遺産にも登録されている。

たとえば、巨大なストーンサークルであるリング・オブ・ブロッガーは5000年前に建設されたと推定されていて、幾何学的な巨石の配置が美しい。

また、それより以前に建てられたとみられるスカラ・ブレイはイギリス最古の住居跡である。

オークニー諸島ではウイスキーと古代遺跡という2つの興味深い歴史を味わうことができるのだ。

セーシェル

プララン島

禁断のヤシの実の知られざる真相

■地上の楽園と呼ばれた島

セーシェルは、アフリカ東部のインド洋に点在する島々からなる国だ。その数はおよそ115にものぼり、東西は約1800キロ、南北は約1400キロという広大な海域に散らばっている。

ただし、島々の面積をすべて合わせても455平方キロメートルしかなく、アフリカでは2番目に小さな国である。

これは横浜市をやや上回る程度の大きさだ。人が住んでいるのもごくわずかな島だけで、あとは無人島である。

島々は南西部と北東部の2つのグループに分けられ、人口の9割近くが最大の島であるマヘ島で暮らしている。ここは北東部の島々の中心であるだけでなく、首都も置かれている。

セーシェルが発見されたのは1502年、発見者はポルトガル人探検家のヴァスコ・ダ・ガマだ。

当時は無人島だったものの18世紀からフランス人の入植が始まり、20世紀に独立を果たすまでヨーロッパの植民地だった。

青く透明な海、澄み渡った空、そして緑豊かな自然を目にしたヨーロッパ人は、この地を地上の楽園と称したという。

今では多数のリゾートホテルが建てられているとはいえ、そんな楽園の雰囲気は長い年月を経た現在でも失われていない。

さて、セーシェルで2番目に大きな島がプラスラン島である。マヘ島から飛行機なら15分、フェリーでも1時間もあればたどり着ける距離にある。

ヴァカンスを過ごすリゾート客も訪れるが、ヴァレ・ド・メ自然保護区は世界遺産に登録されており、その自然の豊かさも見逃すことができない。

しかも、この森に群生する世界最大のヤシの実をつけるココ・デ・メールという名のヤシは、世界でもこの島と隣のキュリューズ島にしか自生していない珍しい種類だ。

それゆえか、この島では不思議な伝説が生まれている。

■数々の伝説を生み出したヤシ

ココ・デ・メールは、またの名を双子ヤシといい、2つの実がくっついたような形が特徴だ。これが女性のヒップの形によく似ているのである。

このヤシの木には雌株《めかぶ》と雄株《おかぶ》があるのだが、ヒップの形をした実をつけるのは雌株のほうで、雄株には棒状の花房がつく。このように実や花がなんとも色っぽい形をしているために昔から男女のシンボルとされ、いろいろな伝説や神話が語り継がれてきた。

たとえば、夜になると雄株が雌株に忍び寄り、口説き落として受粉するというのもそんな伝説のひとつである。

実際には風が花粉を運んで受粉するとはいえ、なんとなくうなずいてしまいたくなる言い伝えだ。

また、ココ・デ・メールの実は海を渡ってモルディブやインド、セイロンに流れ着き、こうした地方では海中に実がなる、魔力があるなどともいわれた。

それも無理からぬ話で、18世紀半ばにプララン島で自生しているココ・デ・メールが発見されるまで、その生態は謎に包まれていたのだ。

どこからやってきたのかもわからない不思議な形をしたヤシは、人々の目に神秘的なものだと映ったのだろう。

ココ・デ・メールの実は20キロ前後という重さだが、この大きさになるまでは15～40年もかかるという。木の寿命はだいたい200～400年といわれ、なかには樹齢800年になる木も存在するという。

ココ・デ・メールの一生は人間とは比較にならないくらい、ゆったりと過ぎているのだ。

雄株は30メートル、雌株でも20数メートルになるというから、そのスケールは大きい。しかし、公園内にうっそうと生い茂る木々の中では意外と見つけにくい。それほどプララン島は自然に恵まれた島だといえるのだろう。

ところで、ヤシといえば、果汁も果肉も食用にすることができる。では、ココ・デ・メールの味はどうなのだろうか。

残念ながら勝手に実をもいで食べることは禁止されている。伝説のヤシの実は、禁断の実でもあったのだ。

とはいえ、土産物用に加工した実は販売されているため、禁断のヤシの実を手に入れることは可能である。

A guide to world's most mysterious isolated islands

Chapter 5

世界に遺された誰も近づけない「離島」

福岡県

沖ノ島

厳しい掟を守り続けている「ご神体」の島

■海の安全を守る道の神

毎年たった1日だけ、選ばれたわずか200人ほどの上陸が許される離島がある。それが福岡県の北西、玄海灘に浮かぶ沖ノ島《おきのしま》である。

玄海灘には壱岐《いき》や対馬などの島があるが、この沖ノ島はどの島とも隣接していない。九州北部と朝鮮半島を結ぶ直線上のほぼ真ん中にポツンと浮かぶ絶海の孤島で、九州本土から漁船をチャーターして最短でも約1時間30分という場所にある。

面積0・69平方キロメートル、周囲およそ4キロの大きさだが、近年では稀なほど高い神秘性が保たれている。なぜなら、いくつかの掟が存在し、今なおそれが厳しく守られているからである。

なにしろ、この島の所有者は宗像《むなかた》大社であり、沖ノ島はその境内の一部なのである。

宗像大社とは、本土である宗像市田島の辺津宮《へつみや》と、その北西18キロの海に浮かぶ大島の中津宮《なかつみや》、さらにその延長線上にある沖ノ島の沖津宮《おきつみや》の三宮の総称で、古代より海の安全を守る「道の神」と崇められてきた。

とくに沖ノ島は島そのものがご神域とされ、宗像大社の許可なく上陸することは許されていない。

今も島にいるのは宗像大社の神職ただひとりで、それも数人の神職が交代で常駐しているという。

この島が脚光を浴びたのは、島で初めて学術調査が行われた1954（昭和29）年のことである。

島内にある23カ所の祭祀の遺跡から中国製の青銅鏡や朝鮮半島製の金製指輪など、約8万点もの奉献品が発見されたのだ。

それは、4世紀後半から約500年もの長きにわたり、海の安全を祈願する際に神様に供えられた品々であり、ここで国家的祭祀が行われてきたことが推測できる。

粗末な船しかなかった大和朝廷の時代、大陸と行き来するためには沖ノ島はなくてはならない要衝であり、海の道の守り神としてどれだけ多くの人々が篤く信仰していたかがうかがえる発見だったのだ。

その貴重な品々は、すべてが国宝に指定され、多くは辺津宮の神宝館《しんぽうかん》に収蔵・展示されている。以来、沖ノ島は「海の正倉院」と呼ばれるようになった。

■厳守される3つの掟

島に一般の人が上陸できるのは、毎年、大祭が行われる5月27日のたった1日だけである。応募者の中から選ばれた200人ほどが島の南西にある社に参拝できる。

この島は遣隋使の時代から海の道の安全を守り続けてきたことから、鉄道が発達すると鉄道関係者が、そして自動車が発達すると車を運転する人々が交通安全祈願にやってくるようになった。

上陸する際には、いかなる人も必ず海中で「禊《みそ》ぎ」をしなければならないのが掟である。

大祭の参拝者はもちろん全員だが、ここに常駐する神職も例外ではなく、どんなに寒い日でも島の鳥居をくぐる前には必ず裸になって海で身を清めなければならないのだ。

さらに厳しい掟として守られているのが「女人禁制」だ。たとえ年に一度の大祭でも上陸できるのは男性のみで、女性は島の近くまで行くことができず、数十キロ離れた大島から拝むことしかできない。

それは、宗像大社に祀られている三宮の神様がいずれも女神であることと関係があるようだが、はっきりとした理由はわからない。

また、島からは一木、一草、一石たりとも持ち出しが禁止されている。島はご神域であり、そこにあるすべてが神様のものだからだ。

昔は、島で見たり聞いたりしたことをいっさい口外してはいけないという掟もあり、島のことを「御不言様《おいわずさま》」と呼んでいたこともある。

これらの掟によって島の森や海は、数千年前の姿を残しているといわれており、島を覆うのはその9割が「沖ノ島原始林」といわれる照葉樹林で、国の天然記念物に指定されている。

その森には、絶滅が危惧されるヒメクロウミツバメをはじめ、多くの野鳥が棲みつき、対馬海流が育む魚をエサにしている。

その貴重で美しい世界は、2009年に〝神の宿る島「沖ノ島」〟として島の宝100景に選ばれている。

インドネシア

コモド島

現代の恐竜「コモドドラゴン」の秘密

■島全体が国立公園の世界遺産

コモド島はインドネシアの南部にある小スンダ列島の中の島のひとつである。オーストラリア大陸から吹く乾いた風と島周辺の潮流の影響でサバンナ気候に近く、熱帯の島でありながら緑が少ないのが特長だ。

島にはオルガンパイプコーラルという珊瑚でできたピンク色のビーチがあり、その幻想的な風景で旅人を魅了している。

島全体が世界遺産の国立公園なので、基本的にガイドなしでは入島できない。ビジターは手続きをすませて料金を支払い、初めて足を踏み入れることができるのだ。

そこまでして人間を遠ざけるのには理由がある。この島には現代の恐竜とも称される「コモドドラゴン（コモドオオトカゲ）」が生息しているからである。

トカゲの仲間ではあるが、その体は大きいもので3メートル、体重100キログラムにもなる。乱獲などが原因で頭数が激減している希少動物だ。

いってみれば、コモド島はコモドドラゴンを保護するためだけに国立公園に指定されているのである。

■人間と兄弟だったコモドドラゴン

コモドドラゴンはおよそ、５０００年前に地球上に出現した。

獰猛《どうもう》な肉食動物で、餌はシカやサル、イノシシのほか、空腹時は水牛なども食べる。過去には人間を襲った例もあるという。

しかし、島民とコモドドラゴンのつき合いは古く、彼らは早くから保護活動に努めてきた。

というのも、島ではコモドドラゴンを「オラ」、人間を「オラン」と呼ぶが、両者が太古の昔には兄弟だったという言い伝えがあるからだ。

現在は絶滅する危険性がある生物に指定され、政府により保護・管理されており、推定生息数はコモド諸島でおよそ６０００頭だ。これ以上、この貴重な動物が減らないよう、ただ願うばかりだ。

イギリス領

ヘンダーソン島

南太平洋の無人島にもたらされた奇跡とは？

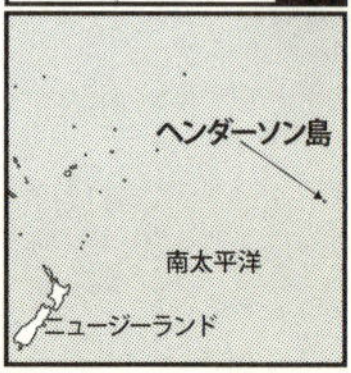

■南太平洋の絶海の孤島

ヘンダーソン島は、南太平洋のポリネシア地域東端のピトケアン諸島にある無人島である。バウンティ号の反乱事件で有名なピトケアン島からおよそ１９０キロ離れている。37平方キロメートルの環状珊瑚礁でできており、南太平洋にありながらイギリス領に属している。

ここには少なくとも６００年以上にわたってポリネシア人が住んでいたらしいが、何らかの理由によって島を出てしまい、その後は無人島になった。

１６０６年にスペイン人航海士ペドロによって発見され、そのときは人間の生活跡が確認できたという。

そのまま島は忘れ去られたが、１８１９年にイギリスの船が再発見すると、船長の名前をとってヘンダーソン島と名づけられた。

しかし、もっとも近い島まで２００キロメートルもある絶海の孤島のせいか、人が住み着くことはなく島は放置されたままだった。

ところが、その歴史が島に奇跡をもたらしたのである。

ここには4種の鳥と、10種の植物をはじめとするきわめて珍しい固有の生物が息づいているのだ。

その価値が評価され、１９８８年には島が丸ごと世界遺産に登録されている。ウミガメの産卵場所でもあるためパワースポットだともウワサされるが、いまだに人間を寄せつけない雰囲気に満ちている。

■飛べないヘンダーソンクイナ

沖縄にヤンバルクイナという貴重な鳥がいるが、ここにはやはり貴重な固有種であるヘンダーソンクイナがいる。羽はあるが飛べないことや絶滅危惧種であることも共通している。

体長20センチメートルほどの小さな鳥で、真っ黒な羽を持つが、現在その数は1万羽を切っている。

ほかにもヘンダーソンヒメアオバト、ヘンダーソンオウムなどが生息しており、海鳥も15種確認されている。

水鳥の一種には「ヘンダーソンミズナギドリ」がいるが、最近この島に敵が現れた。それは外来種である「ナンヨウネズミ」である。

環境団体の調査で、このネズミがヘンダーソンミズナギドリのひなを食い荒らしていることが発覚したのだ。

これは現在、この島でもっとも早急に保護が必要な事案だとしてイギリスで対策が検討されている。

現在、この島に出入りできるのは、動植物の生態系を調査するレンジャーなど限られた人間だけである。

もちろん空路はなく、定期船も出ていないので旅人が立ち寄ることはできない。それが、この島にとっては何よりの幸福なのだろう。

アメリカ合衆国

スリーマイル島

深刻な原発事故に見舞われたスリーマイル島の今

■中洲と呼んだほうが正しい島

東日本大震災の影響で福島第一原発がトラブルに見舞われて以来、チェルノブイリとスリーマイルの名をよく耳にするようになった。

ところで、スリーマイル島がアメリカにあることは周知のとおりだが、大海の真ん中にぽつんと浮かんでいる島だと思っている人も多いのではないだろうか。

じつはスリーマイル島は海ではなく、サスケハナ川の中に存在している。「島」という呼び名がついているので誤解を招きやすいが、実際は中洲なのだ。

ニューヨーク州に水源を持つサスケハナ川はペンシルベニア州を通り、やがて大西洋のチェサピーク湾へと流れ込んでいく長い川である。

川岸は豊かな緑に覆われており、水量が豊富なことでも有名だ。１９８８年にアメリカで大干ばつが発生したときでさえ、サスケハナ川にはたっぷりと水が満ちていたと伝えられている。

サスケハナ川にはたくさんの中洲があり、スリーマイル島もそんな中洲のひとつだ。島の周囲が3マイル（約4・8キロ）だったことから、スリーマイルの名前がつけられた。このあたりの川幅は2・5キロ程度と広く、もうひとつ別の中洲が隣に並んでいる。

そんなスリーマイル島があるのは、ペンシルベニア州の州都ハリスバーグから南に50キロほど行ったミドルタウン市だ。ワシントンからは160キロ、ニューヨークからは210キロと大都市からもそれほど遠くなく、人里離れた辺境の地というわけではない。

島の周囲には多くの人々が暮らし、川岸を散歩したり日光浴をする姿も見受けられる。家々の庭先には野生のウサギやリスも現れるという。

今でこそこんなのどかな雰囲気をたたえているが、ここはかつて原発事故による放射能漏出《ろうしゅつ》という悪夢に襲われたのである。

■放射能に脅えた数日間

1979年3月28日未明、事故はスリーマイル島原発の2号機で起きた。冷却システムの故障に始まったトラブルは、加圧逃がし弁の機能不全や運転員の操作ミスなども重なり、メルトダウン（炉心溶融）を引き起こしたのだ。

警報器が鳴り響くなか、運転員は必死の作業を試みていたものの、ほとんどが誤操作だったという。この間に希ガスと汚染水が周囲に放出されてしまった。

そして錯綜《さくそう》する情報が周辺住民を大混乱に陥れることになる。

午前7時前には発電所内に緊急事態が、その30分後には一般緊急事態が発令されたが、大々的に住民に知らされたわけではない。たまたま地元局のラジオを聴いていた人が知った程度である。

多くの住民は目の前で大事故が起きているにもかかわらず、まったく情報を得られなかったのだ。

事故が公になったあとも、正確な状況がつかめない住民は不安に脅えながら身動きできないでいた。ようやく妊婦と就学前の子どもに避難勧告が出たのは、事故から2日も経ってからのことである。

こうして運転開始からわずか3カ月で、2号機は廃炉となってしまった。

いずれにしろ、このような事故が二度と起こらないことを願うばかりである。

イギリス近海

シーランド公国

国家を自称する人工島がたどった道のり

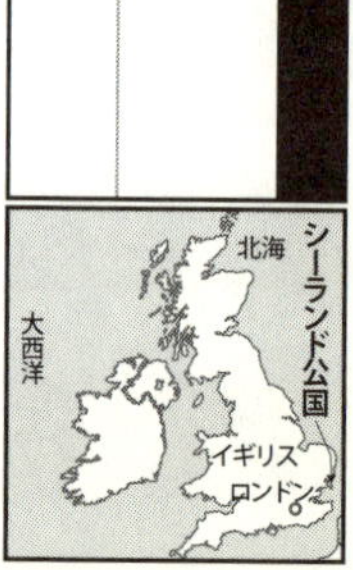

■放置されていた要塞が国に⁉

「世界でもっとも小さな国は？」と尋ねられたら、大勢の人が迷わずヴァチカン市国と答えるだろう。ヴァチカン市国は東京ディズニーランドよりも小さい面積とはいえ、れっきとした独立国家だ。

しかも、世界中に11億人もの信者を抱えるカトリックの総本山でもある。その小ささとは反対に存在感は大きいのだ。

ところが、ヴァチカン市国よりもさらに小さい国家があることをご存じだろうか。イギリス南部からおよそ10キロのサフォーク沖に浮かぶ島シーランド公国だ。

シーランド公国の総面積は約２００平方メートル。バスケットボールのコートほどの大きさしかない極小の国だ。

といってもシーランド公国は教科書を探しても、地図に目を凝らしても見つけることができない。

なぜなら、あくまでも自称の独立国家だからだ。しかも、この世界最小の国はなかなか波乱に満ちた歴史をたどっている。

もちろん世界には大小さまざまな国が存在する。文化や風習もじつに多種多様で、なじみのない者にとっては不思議に感じることも少なくない。しかし、〝変わっている〟という点ではシーランド公国の右に出る国はないだろう。

そもそも、ここを「島」と呼んでいいのかどうかも微妙なところだ。コンクリートでできた2本の支柱の上に金属製の甲板が乗っているだけなのである。

その外観からわかるとおり、この島は人工島だ。第2次世界大戦中にイギリス軍が築いた海上要塞の跡地で、往時には300人もの兵士が駐留していたという。しかし戦後は不要になり、打ち捨てられてしまったのである。

そんなふうに放棄された要塞が、シーランド公国を名乗るようになったのは1967年のことだ。公国を樹立したのは元イギリス軍少尉のロイ・ベイツである。

■独立は宣言したものの……

シーランド公国はベイツが勝手に要塞を占拠し、独立を宣言したことに始まる。海賊放送をしていたことで訴えられていたベイツは要塞に逃げ込み、そこに自らが元首となる国家をつくってしまったのだ。

当然、イギリス政府が彼の行動を許すはずはなく、裁判所に提訴する。ところが、シーランド公国は当時のイギリス領海域からはずれた位置にあったため、裁判所は管轄外の問題だとして政府の訴えを退けたのだ。

ただし、現在のイギリスの領海は海岸から22キロまでとなっているため、シーランド公国はイギリスの領海に含まれている。

こんなに小さく、人口もわずかしかいないにもかかわらず、ここではクーデター騒動も起きている。

ベイツはこの島にカジノをつくろうとしてドイツ人投資家のアッヘンバッハを首相に迎えた。しかしアッヘンバッハが反旗を翻し、ベイツは公国から追放されてしまったのだ。

だが、軍人出のベイツは昔の仲間と協力してすぐさま島を奪い返し、アッヘンバッハに賠償金を求めたのである。

当時の西ドイツ政府はことを穏便にすませようと、イギリス政府に解決を依頼したものの、イギリスは管轄外のできごとだとして要求を無視した。

しかたなく西ドイツ政府は自国民を救うためにシーランド公国に外交官を派遣した。これを喜んだのがベイツだ。西ドイツはシーランド公国を独立国として認めたと解釈し、賠償金も取らずにアッヘンバッハを解放した。

ちなみにアッヘンバッハは、その後ドイツ国内にシーランド公国亡命政権を打ち立て、自分こそが正当な政権であると主張しているという。

また、90年代にはシーランド公国の偽造パスポートが出回る騒ぎがあり、２００９年には火災が発生して大打撃も受けた。現在ではベイツの息子が跡を継ぎ、島の統治権を売りに出している。

そんなシーランド公国だが、今のところ国連に加盟する国々のなかでここを独立国と認めている国はひとつもない。

■参考文献

『古代文明と遺跡の謎・総解説』（自由国民社）、『ポルトガルを知るための50章』（村上義和、池俊介編著／明石書店）、『失われたアトランティス』（ジェニファー・ウエストウッド著、五十嵐洋子訳／主婦と生活社）、『オーパーツ大全』（クラウス・ドナ、ラインハルト・ハベック著、プシナ岩島史枝訳／学習研究社）、『エーゲ海』（萩野矢慶記／JTBパブリッシング）、『セネガルとガーボベルデを知るための60章』（小川了編著／明石書店）、『僕が見たアフリカの国』（上野庸平／花伝社）、『学校では教えない世界地図の不思議発見100』（講談社編、全国地理教育研究会監修／講談社）、『スペイン文化事典』（川成洋、坂東省次編著／丸善）、『世界の島大研究』（長嶋俊介監修／PHP研究所）、『旅名人ブックス58　スコットランド』（邸景一、三島叡、柳木昭信／日経BP企画）、『スコッチウィスキー紀行』（土屋守／東京書籍）、『国マニア』（吉田一郎／交通新聞社）、『アフリカ』（田辺裕総監修／朝倉書店）、『図説ニューヨーク都市物語』（賀川洋／河出書房新社）、『世界各国便覧』（山川出版編集部編／山川出版社）、『世界地名事典』（辻原康夫編著／東京書籍）、『南北アメリカ』（田辺裕総監修／朝倉書店）、『世界遺産を旅する11』（近畿日本ツーリスト）、『キューバを知るための52章』（後藤政子、樋口聡編著／明石書店）、『ミステリアス　PART4』（フランシス・ヒッチング著、大出健訳／大日本絵画）、『世界不思議百科』（コリン・ウィルソン著、関口篤訳／青土社）、『フォークランド紛争の内幕　狂ったシナリオ』（朝日新聞外報部／朝日新聞社）、『アルゼンチンを知るための54章』（アルベルト松本／明石書店）、『世界の戦争・革命・反乱・総解説』（自由国民社）、『スリーマイル島への旅』（伊良子序／エディション・カイエ）、

『スリーマイル島』（中尾ハジメ／野草社）、『ハイテク事件の裏側』（那野比古／NTT出版）、『あっと驚く船の出来事』（大内建二／光人社）、『歴史人物・意外な伝説』（泉秀樹／PHP研究所）、『日本史瓦版 歴史事件を徹底解説』（鈴木亨／三修社）、『日蓮聖人の歩まれた道』（市川智康／水書坊）、『日本人として最低限知っておきたい〝Q&A〟近現代史の必須知識』（水野靖夫、渡部昇一監修／PHP研究所）、『極楽アイランドを求めて―世界の島ベスト100―』（ロム・インターナショナル編／東京書籍）、『あっ！と驚く 世界「国境」の謎』（島崎晋／PHP研究所）、『知っておきたい伝説の秘境・魔境・古代文明』（秦野啓監修／西東社）、『世界遺産検定公式テキスト（3）キリスト教の繁栄と新大陸の息吹』（NPO法人 世界遺産アカデミー編著、世界遺産検定事務局編著／毎日コミュニケーションズ）、『世界一おもしろい海洋博物館』（中江克己／PHP研究所）、『ギリシャ・エーゲ海』（JTBパブリッシング）、『地球の歩き方』（ダイヤモンド・ビッグ社）、ほか

●ホームページ

仁右衛門島、かもがわナビ、朝日マリオン・コム、東京都大島町、青ケ島村、八丈町、八丈島観光、新島村役場、じゃらんnet、東京都総務局、小笠原海運、小笠原村観光協会、横須賀市観光情報「ここはヨコスカ」、答志島旅館組合、鳥羽市、外務省、島根県、MSN産経ニュース、大阪城天守閣、小豆島観光協会、石のこころ、中国運輸局、日本三景、宮島観光、三菱重工、山口県長門市、古式捕鯨の里通、青海島観光汽船株式会社、さぬき瀬戸しまネッ島、四国新聞社、豊島問題、豊島WEB、ベネッセアートサイト直島、タダノ、アサヒビール、NHK世界遺産、礼文町、礼文町観光協会、羽幌町観光協会、佐渡観光

協会、輪島市、めんしょり沖永良部島、南大東島、竹富町観光協会、石垣島観光協会、沖縄県、インドネシア共和国文化観光省、タイ国政府観光庁、東ティモール大使館、オーストラリア政府観光局、姫島村役場、近畿日本ツーリスト軍艦島インフォメーションデスク、軍艦島を世界遺産にする会、宿泊ガイドあっ！とながさき、資源エネルギー庁、甑島観光協会、西日本新聞とっておきの旅、日本の島へ行こう、鹿児島県、ながさきの「しま」、よかとこBY、対馬市、対馬観光物産協会国境の島対馬へ、しかのしまネット、朝日ドットコム、福岡市博物館、学研教育情報資料センター、宗像市、宗像大社、さわやか自然百景NHK、三島村、徳島新聞WEB、ほか

※本書は、2011年に小社より刊行された『謎の痕跡に迫る！離島地図』をもとに、新たな情報を加え、改題のうえ、再編集したものです。

青春文庫

世界史《せかいし》からこぼれ落《お》ちた
離島伝説《りとうでんせつ》

2016年 1 月20日　第 1 刷

編　　者　おもしろ地理学会《ちりがっかい》

発 行 者　小 澤 源 太 郎

責任編集　株式会社プライム涌光

発 行 所　株式会社青 春 出 版 社

〒162-0056　東京都新宿区若松町 12-1
電話 03-3203-2850（編集部）
03-3207-1916（営業部）
振替番号　00190-7-98602

印刷／中央精版印刷
製本／フォーネット社

ISBN 978-4-413-09638-6

ほんとうのあなたに出逢う ◆ 青春文庫

真田丸の顚末 信繁の武士道

徳川家康に一度は切腹を覚悟させた
「日本一《ひのもといち》の兵《つわもの》」の戦いぶりとその生き様とは！

中江克己

(SE-632)

リバウンドしない 収納の魔法

テレビや雑誌、セミナーなどで活躍中の
収納王子が実践している片づけノウハウ。
たった3ステップでみるみるキレイに！

収納王子コジマジック

(SE-633)

闇に消えた歴史の真相 暗黒の日本史

そのとき、何が起きたのか？
本能寺の変、坂本龍馬暗殺…
「もうひとつの歴史」が明らかに！

歴史の謎研究会［編］

(SE-634)

虫じゃないのに なぜ「蛙《かえる》」は虫へん？ 日本人なのに答えられない漢字の謎

木を囲むと、なぜ「困」る？
「越（える）」「超（える）」の使い分けは？
イラストでわかる漢字の「へぇ〜」がいっぱい！

日本語研究会［編］

(SE-635)